職人之路

26個國手的故事

中央通訊社 出版

一推薦序一

成就一張有溫度的椅子

勞動部部長
何佩珊

二〇二四年五月二十號之後，我有幸為賴清德總統任命，懷著未知與忐忑的心情來到勞動部，進入阿春部長任內所購置的志清大樓部長辦公室，阿春部長留下一套溫潤原木色系的木工桌椅，我一試坐立刻愛上椅子的高腳扶手木工設計，比起傳統西式低腳沙發，這張椅子撫慰了我疲憊而易酸痛的身體，我心裡想，製作這張椅子的人真有同理心，而且一定有人體工學概念；眼光不經意四下搜尋，我看到椅子背面刻著「台南職訓家具班製作」，原來這正是雲嘉南發展署創意家具木工班學員及家具木工選手共同製作的作品。一張有著溫度的椅子，也傳承了阿春部長給我的叮嚀：拜託妳繼續支持全國技能競賽的孩子們。

台灣從一九六八年起即開辦「全國技能競賽」，今年已邁入第五十四屆，歷史比勞動部

台南職訓家具班製作的舒適木椅。（勞動部提供）

還要悠久，其所培養的技職大軍，更是二十世紀台灣經濟第一次起飛的關鍵。當我在今年七月十八日前往全國技能競賽場地為選手們加油，更驚豔於參賽者所展現的技職力與創新力。

帶著我參觀巡場的阿仔師—超認真少年（網路名），他是技職出身，也是一位藝術家，一一向我介紹各種職類裁判長與選手。他們在汽車座椅中捲曲身體認真檢查修復；在火爐前揮汗如雨精心烘烤麵包；或爬上高梯檢查牽配電線，專注反覆敲打釘錘成就傢俱木工，宛若作畫般層層上色的汽車噴漆……這些日常生活所需的勞動，化為追求熟練與卓越的職人精神呈現，每一雙專注眼神下所展現精湛技藝是台灣最美的風景；而在參賽現場提供支持的企業界們，也早一步預定了這些好手的未來，更提供技職力延伸社會發展的動能。

勞動部長何佩珊（右）在YouTuber「超認真少年」阿仔師（左）的陪同下，參觀2024年全國技能競賽會場。（勞動部提供）

九月，我帶著孩子們前往法國里昂參與被譽為技職界奧林匹克的第四十七屆「國際技能競賽」。台灣自一九七〇年加入了國際技能競賽組織，並於一九七一年起每年皆派出好手與世界各地高手同場競技；近年來成果耀眼，二〇二二年第四十六屆收穫四十二面獎牌，排名世界第三，總獎牌數創下隊史最高紀錄，更在二〇二三年亞洲技能競賽勇奪總冠軍；自信今年將會有更棒的成績出現。二〇二五年十一月，我們更將迎來第一次舉辦「亞洲技能競賽在台北」，這是繼一九九三年舉辦第三十二屆國際技能競賽後，睽違三十年後再次取得國際性技能賽事主辦權。

賴清德總統在今年七月二十一日親臨全國技能競賽頒獎之時曾經提示，過去他在行政院長任內，即要求教育部及勞動部合作強化技職教育與產學合作；總統更引用台語諺語揭示「占到好地頭，卡贏練拳頭」，意指如今台灣正以半導體產業實力，取得地緣政治下的產業紅利；他期許技能競賽更要與未來產業深度結合，國家將持續深耕技職教育，為當前行動創新AI內閣蓄積動能累積人才，讓台灣經濟進一步創新發展。這是總統對技

第47屆國際技能競賽代表團授旗典禮，總統賴清德（前中）、勞動部長何佩珊（前左）共同主持授旗儀式。（勞動部提供）

職孩子們的深情許諾。

由中央通訊社出版的《職人之路：26個國手的故事》深度訪談並書寫為台灣爭光的技能國手的奮鬥歷程與人生轉折；呈現在升學主義掛帥的傳統社會氛圍下，勇於做自己甚至反叛傳統的逆向思考哲學；而年輕世代更進一步延伸技職生涯與公民社會，社區營造結合，或更反思技職深化需要閱讀思考與美學訓練，這精彩的二十六個篇章，值得你我靜思閱讀。

勞動部藉由提供資源支持，培養參賽選手「以賽帶訓」、「手作能力」，致力於深化技職教育與產業訓練；期待結合教育部、經濟部以及各部會，並結合民間產業界力量加入，打造「學訓用」整合平台，重振技職復興之路。事實上，在各界疾呼疫後缺工的當下，如今缺乏的中階技術勞動力，一部分即是技職教育為升學主義思維侵蝕的後果。我也期待藉由本書，提醒國人重新正視技職教育的價值，摒棄「學歷決定一切」的單向思考，讓技職的孩子們看見自己，走出台灣，航向世界；為台灣培育多元人才，累積創新經濟動能。

成就一張有溫度的椅子，不只需要一雙勞作長繭的手，更需要無數雙肯定技職價值的推手，讓我們共同為技職復興運動而努力！

—推薦序—

勇敢追夢的台灣職人精神

教育部部長

鄭英耀

技職人才是國家重要的支柱，台灣有許多隱形冠軍經營者來自技職體系，是我國經濟產業發展不可或缺的關鍵角色之一。因此政府極為重視技職教育的發展，教育部更致力推動各項政策，培養具備專業及實作技術力的優質人才。

創立迄今七十四年、今年舉辦第四十七屆的國際技能競賽，是全世界技能好手的最高殿堂。我國自一九七一年首度派出國手參加每兩年舉辦一次的國際技能競賽，至今已成為這項國際賽事的常勝軍，更在二〇二三年榮獲亞洲技能競賽總冠軍，充分展現平時的訓練成果及卓越的技術實力。藉由參與國際賽事，青年學子不僅有機會打開視野，與世界級高手相互切磋技藝，更進一步彰顯屬於技職的榮耀。

中央通訊社出版的《職人之路：26個國手的故事》，記錄了技職國手們從訓練到參與國際技能競賽的心路歷程。二十六位老中青三代國手分屬不同職類，勾勒出台灣技職教育近半世紀的進展，透過國手的人生故事，讓我們得以看見不同領域的職人們，以汗水和淚水努力磨練技術，抵達世界頂尖水準的艱辛過程。

在我求學與教學的過往經驗中，深知被貼標籤，受到不公平對待的心境挫折，這本書記載出身弱勢家庭的國手，由於種種原因而不得暫停學業，但仍努力不懈，發揮平日訓練累積的實力，贏得國際殊榮與掌聲，也為自己日後鋪上一條自信穩定的路，他們的堅毅韌性值得大家一讀。

再者，我們看見選手在登上國際舞台閃耀前，背後往往有多年的付出及需要面對的各種挑戰。而為了鼓勵他們不怕失敗的精神並減輕他們的壓力，更需要公部門齊心的支持與資源，教育部和各部會一直是技職體系師生們的堅強後盾，提供獎金、辦理保送升學、產學合作等，讓國手能放心堅持自己的目標。

在升學方面，教育部在一九七五年開始實施「技優保送」辦法，只要是全國技能競賽、全國高級中等學校技藝競賽的前三名或在國際競賽中獲得優異表現的學子，都能選擇再升學，鑽研更高深的技術。他們也可經由師培機制成為技職教師，無私的傳承其精湛技術，為我國培育下一代國手，為台灣產業奠定深厚基礎，幫助後輩拿到敲門磚翻轉人生。

在產學合作方面，台灣的技職教育從高職到技術學院、科技大學，都強調理論與實務結合，為鼓勵技專校院發揚技職教育「做中學、學中做」務實致用特色，教育部自二〇〇六年起推動〈產學攜手合作計畫〉，二〇二一年再推動〈產學攜手合作計畫2.0〉，建立跨部會單一窗口，建構學校、產業共同培育人才。

此外，賴清德總統上任後，積極推動「百億青年海外圓夢基金」，教育部將在二〇二五年規劃技職精英海外進修、實習或者培訓的專屬計畫，透過年輕人積極與世界各領域人才的對話、交流與學習，繼而成為引領台灣各產業的優秀領袖。

從《職人之路：26個國手的故事》可以發現，技職生不只學習理論，實作經驗更是豐富，泰半在求學時已取得丙級以上證照，不僅是業界搶手人才，也具備開創事業實力，如塗家和成立軟體解決方案公司、陳詩婷結合地方創生開設工作室，或是共同創辦蜷尾家的武子靖，創業成績都讓人眼睛一亮。

教育就是要讓每一個年輕人能有更美好的未來藍圖及發展，期望年輕學子都能像《職人之路》一書中的國手群——想像未來、勇於冒險、勇敢追夢，也希望家長讓學子適才適性學習，讓年輕人證明自己擁有展翅高飛的動能。

出版緣起

打破文憑迷思

台灣技職好手在國際上屢創佳績，二〇二二年，在有「技職奧運」之稱的國際技能競賽創下世界第三的最佳紀錄，二〇二三年再奪亞洲技能競賽總冠軍，而由身心障礙者參與競技的國際展能節職業技能競賽，同年也拿下總獎牌數全球第三，成果斐然。

然而可惜的是，國手們耀眼的成績與實力，及其背後令人動容的拚戰精神，在學歷至上的台灣社會，和為迎合觀眾口味的主流媒體中，始終未能贏得太多的關注。

升學迷思更影響了學子的選擇。近年在少子化下，學生人數減少，且高職學生的減少幅度，明顯高於高中，到了一〇八學年度更出現「黃金交叉」，高中人數已超過高職。全國家長團體聯盟曾召開記者會，指出問題在於多數國中教師、家長對技職不瞭解，很難在升學時給與孩子適切的建議。事實上，在本書的訪談中發現，教師與家長也可能是孩子適性揚才、成就自我路上的阻礙。

透過適性教育，人人都能找到屬於自己的一片天，然而，當技職被矮化為不得已的二流選擇，人人都想往升學發展，不只是技術型人才的折損，也妨礙了產業與經濟的發展，在現今大缺工潮下，台灣社會尤應警醒。

身為國家媒體的中央通訊社，希望藉由本書，記錄二十六位國際技能競賽及國際展能節奪牌國手的技能養成之路，著眼其於技能精進路上的拚勁與毅力，及現今在產學深耕、創新與傳承的現況，透過這些真實典範人物的勵志心路，消弭社會「唯有讀書高」的迷思，讓學子更有勇氣依自身興趣作升學選擇，並盼望能吸引更多資源投入技職教育，藉此弭平產學落差。

在本書的採訪中，年輕學子在技職教育的體系中發掘天賦，找到自己可以貢獻於社會的長才，擺脫了早年「不念書就去做工」的負面形象，呈現出新時代的技職面貌。

《職人之路：26個國手的故事》以國手的現職，分為產業篇「百工匠心」及傳承篇「巨人肩膀」，前者在各產業發光發熱，後者投身教育，培育競賽人才。書中囊括多樣化職類，分述老中青三代技職國手的奮鬥歷程。

二十六篇故事中，有打破性別刻板印象，投入汽車噴漆的年輕新女力楊婷喻；有致力於將油漆裝潢提升為漆作藝術的陳協建；也有青年創業的熱情與衝勁，像是想以程式改造世界的塗家和，以及返鄉打造服裝品牌，用針線訴說在地故事的陳詩婷。

有克服障礙的勇氣，像是車禍後跛行的甘芫銍，在投身工藝的熱忱中越挫越勇；聽障廚師梁書維勇闖各國，征服世界味蕾；還有「無聲」繼承祖傳三代精湛木工技藝的李政軒。

更有許多的世代交棒，包括讓台灣首戰國際賽就奪牌的元老國手侯世光、為台灣奪下第一面金牌的連漢濱，以及許多國手在榮耀後不忘傳承，投身技能競賽的培訓與裁判，轉作金牌推手的故事。

每一個故事，都彰顯著「只為做好一件事」的職人精神。

也希望在未來，榮光不只是照耀在這些國手身上，而是每個勤於技術精進的技職學子及職人們，都能為自己所學所為感到驕傲，打破文憑神話，這也是這本書的出版最衷心的想望。

目次

巨人肩膀

百工匠心

他們曾在世界的競技場上發光，如今在產業裡持續發熱。
有初生之犢創業的銳氣、改革產業的凌雲壯志，
也有歲月與工藝交織出的人生況味。
不變的，是專注，是執著，是對技藝無止盡的追求，
是「只為做好一件事」的職人精神。

解構再重寫 用程式設計更好的世界

塗家和相信優秀的程式設計師能夠為人們創造更便捷美好的生活。（王騰毅攝）

塗家和

國際技能競賽
2019年「商務軟體設計」金牌

文──林立恆

一般人對程式設計師的印象，不外乎成天面對著電腦，鮮少與人交流，大學畢業後就成立軟體解決方案公司的塗家和卻非常健談，因為他的工作是要利用軟體解決現實世界的問題，小至醫院的掛號App，大至農產品的產銷系統，都必須深入了解客戶的需求，經過充分溝通之後，才能提出更佳的解決方案。

從國中開始自學程式設計，一路到大學獲得國際技能競賽「商務軟體設計」金牌，塗家和慶幸當初選擇了一條最適合自己的路。

走出封閉迴圈　升學外的第二條路

升學主義是台灣的主流價值，對於許多人來說，考試幾乎是人生前半段的重心。塗家和就讀的國中也是一間升學導向的學校，學習彷彿只是為了考試，形成一個封閉的迴圈。塗家和覺得在這迴圈之中，不會再有新的事物等待他去發掘了，因此很快失去學習的動力。

偶然地，他在圖書館翻到程式設計的書籍，人生的軌跡由此改變。「我彷彿看到世界構成的基礎。」他回顧自己與程式設計的相遇，身為一九九〇年後出生的Z世代，伴隨成長的是網際網路以及各種數位產品，可以說當代人就是生活在各種資訊設備所建構起來的世界。

「如果我學會程式設計，那麼我就知道如何解構這個世界，看看其中的樣貌，我也能改變這個世界，讓它變得更好。」從此塗家和一頭栽進程式設計的學習，登出由考試主導的封閉迴圈，寫入不同的人生路徑。

瘋狂自學　超前部署

塗家和照著從圖書館借回來的書自學，遇到問題就去請教資訊老師，也加入資訊老師在晚自習開設的程式設計練習課程，迅速地獨自升級。直到要決定升學方向的時候，他查閱高職資訊科的課綱，發現自己竟然已經把高職三年的課程都學會了，甚至超前許多，所以他選擇電機科，希望結合程式設計的軟體技術與電機工程的硬體。

但是抱持傳統觀念的父母，受到「成績不好才去讀高職」的刻板印象影響，起初無法理解成績不錯的兒子為什麼選擇高職，也擔心如果塗家和是一時興起又能夠持續多久呢？然而當他們知道塗家和已經默默走了那麼遠，早就超越了「嘗試看看」的程度，而是展現出如同長跑者的執著，父母也就不再阻攔。

進入新北高級工業職業學校電機科之後，塗家和的才華一下就被看見。在電機科的「單晶片設計」這門課中，塗家和寫出的程式比課本的教學範例更好，任教老師就把塗家和介紹給資訊科老師陳錫麟。陳錫麟沒有科系的門戶之見，也將塗家和放入「工科技藝競賽」的選手選拔名單。

塗家和的能耐遠超過陳錫麟的想像。原先要舉辦校內初選，在塗家和與其他二十九位選手之中選出一位代表學校出賽，但在培訓階段，只有他能夠解出培訓老師給出的題目，因此結果很明顯，由塗家和代表出賽。

人生第一場全國賽　猶如凌遲的四小時

在此之前，塗家和已經累積了豐富的比賽經驗，在國中階段，資訊老師就為他們報名各種大大小小的程式設計競賽。塗家和非常享受比賽的過程，因為可以認識不同學校的好手，彼此切磋，看看面對同樣一道題目，其他選手是否能夠找出更佳的解法。塗家和每次比賽都取得亮眼的成績，漸漸地在程式設計的圈子裡小有名氣。

工科技藝競賽是他第一個參加的全國性比賽，如果取得好成績，不只有助於升學，也有豐厚的獎金。

出賽人選確定後，訓練計畫緊接著啟動，學校把資源投注在塗家和身上，陳錫麟也為他量身打造各種訓練課程。各校都非常看重工科技藝競賽，特地在賽前舉辦模擬賽，集合北區各校選手參加。在模擬賽的現場，塗家和看到許多熟面孔，有一位來自智光高級商工職業學校的選手與他的實力相當，每次比賽都是由他們包辦一、二名，在那次模擬賽，兩人解出的題數不相上下。

然而在正式比賽當天，塗家和卻表現失常。回想那次比賽，塗家和認為是自己得失心太重，先前從未投入那麼多時間認真準備一場比賽，加上工科技藝競賽的重要性，都使得塗家和背負了不能輸的心理壓力。

程式碼是程式設計師思緒的展現，程式邏輯必須嚴謹、環環相扣，但是焦慮占據了塗家和的內心，沒辦法冷靜下來專注思考，四個小時的競賽時間猶如凌遲。最終，塗家和沒有進入排名，而智光商工的選手正常發揮，取得第二名的優異成績。

在工科技藝競賽慘遭滑鐵盧，塗家和陷入自我懷

塗家和自國中開始參加大大小小的競賽，獲獎無數。（王騰毅攝）

疑的低潮期。經過兩週的沉澱，他回想起最初接觸程式設計的悸動，轉念一想：就算在這場比賽失常，他依然喜愛程式設計，沒有人可以阻礙他持續精進自己的技術，而且還有一整個廣大的數位世界等著他去解析、重寫。

不只是設計程式　產業知識大考驗

二〇一六年工科技藝競賽的挫敗，為塗家和接下來的各項比賽奠定良好的心理韌性，也有助於他爭取參加國際技能競賽的國手資格。

要獲得國際賽的國手資格必須經過層層挑戰。首先要在分區賽進入前五名，才可以打進全國賽，在全國賽要擠進前三名才能夠參加國手選拔賽。而國手選拔賽，當屆及歷屆全國賽的前三名只要在年齡限制內都可以報名，要從中脫穎而出，才能得到正取國手資格。塗家和一路過關斬將，代表台灣參加二〇一八年亞洲技能競賽以及二〇一九年國際技能競賽。

二〇一九年第四十五屆國際技能競賽的主辦國是俄羅斯，地點在喀山。塗家和參加的是商務軟體設計職類競賽，主辦單位會在前一個月公布主題。當屆主題是「石油公司」，而詳細的競賽題目在比賽當天才會公布，塗家和必須在一個月內熟悉石油產業，設想其中有可能需要資訊系統加以輔助的環節。

在競賽主題公布之前，塗家和對石油產業的認識並不多，幸好負責國手選拔與培訓的裁判長許基文聯繫上台灣中油公司的某部門經理，請他來為塗家和上課，讓他理解台灣石油精煉、儲存、運輸以及終端加油的整體規畫，快速補足塗家和對石油產業的了解。

程式設計的項目可再細分為後台設計、前台設計、應用程式介面、手機應用程式等領域，針對石油公司這個主題，塗家和與每一個領域的指導老師都預想了可能的出題方向，並充分演練。這一次塗家和不再被焦慮淹沒，在技職界奧運的賽場上，他和平常一樣，專注地打出一行又一行的程式碼，贏得了當屆國際技能競賽的金牌。

傳產數位轉型　打造便捷世界

塗家和在大學階段就有不少接案經驗，並與科技公司合作開發產品，因此國際賽結束後便開始準備創業。

大學畢業後塗家和成立「和氏科技公司」，公司願景是「用最合適的科技解決問題」，主要是幫助傳統產業數位轉型。塗家和認為最頂尖的程式設計師是能夠「獨立解決現實世界問題的人」，因此他願意深入理解客戶所屬產業的現況，為他們提出可以實際運作的解決方案，而不是一味推銷時下最熱門的科技。

「畢竟任何軟體最終還是要應用在現實中。」不忘初衷，塗家和持續以程式設計打造他理想的便捷世界。

塗家和創立「和氏科技有限公司」，主打「用最合適的科技解決問題」。（王騰毅攝）

林諭敬

國際技能競賽
2019年「電氣裝配」銀牌

拚命三郎悟道 以沉著思考突圍

文——蘇曉凡

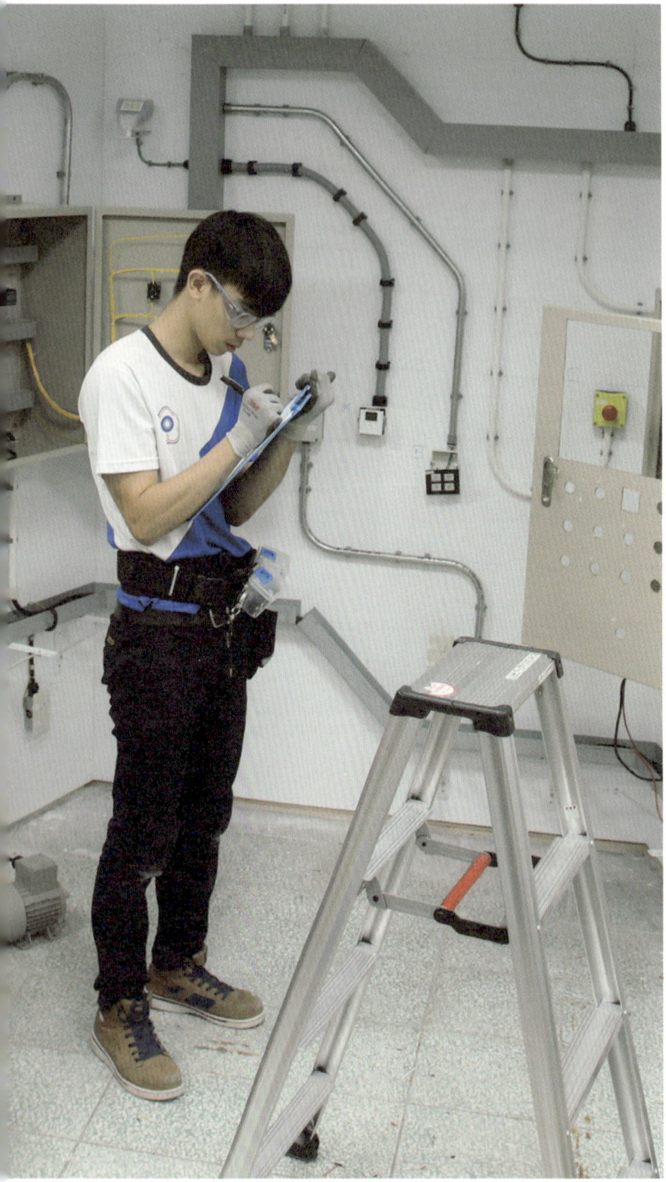

訓練期間，林諭敬習慣記錄自己做題時間，並且思考策略。圖為林諭敬在泰山職訓中心為國際賽進行訓練。（林諭敬提供）

採訪前夕，林諭敬才剛出差到德國參加漢諾威工業展回國，採訪完當晚又緊接著要飛往美國。年紀輕輕的他，還未大學畢業就與同學們一同創業，短短兩、三年時間，公司營運目標已放眼海外市場。

基測失誤　意外走入技職

堪比大家口中的人生勝利組，卻得從大考劃錯卡說起。國中成績不錯的他，被家人寄予厚望，目標台北前三志願高中，不料英文一科劃錯卡，分數直落至PR75，「那時候覺得人生沒希望了」。因喪志缺乏動力，林諭敬沒有選擇重考，而是隨分數分發至松山高級工農職業學校電機科。

頹廢狀態延續高一整學年。在麥當勞打工的林諭敬，從傍晚工作到深夜兩、三點，隔日到校再補眠，課堂上不是睡覺就是玩手機。學科底子不差的他，每每考前兩三日才臨時抱佛腳，向同學借筆記翻閱，都能平安過關。但教授工業配線的科主任張鈺楨看不慣他的學習態度，當面嗆他：「我一定當你，有本事你考證照抵學分！」幸好，林諭敬順利考取丙級工業配線技術士證照。

當年的他可能想不到，處處不對盤的師生關係，會在之後的國手之路上，建立起深厚情誼。學校裡，張鈺楨全心投入培訓選手，時刻鼓勵學生參賽，以利未來更好發展，但這些話裡唯一吸引林諭敬的是，取得名次得以保送大學。他是這麼盤算：「盡早確認大學，就能再躺一年。」

爭取出線　從渾渾噩噩到竭盡全力

電機科報考職類有工業配線與工業控制，工業控制著重設計自動化的工廠產線與設備，工業配線則以電控為主，多應用於智慧家居的客製化設備、中央監控系統整合。林諭敬選擇工業配線職類的理由直接簡單，一是工業控制職類由張鈺楨帶領，二是近十年松山工農在工業配線得牌率略高些。

為爭取校內選手遴選，訓練期間，林諭敬改進求學態度，練習也進到「走火入魔」境界，瘋狂到曾一日烤管一百至兩百根，只為完美，「我很明白，只要牽扯到比賽，就算你做到九十九分，只要有人一百分，你還是輸」。哪裡不夠好，就拚命練習，林諭敬把每次的作業時間都記錄下來，求好也必須求快。多數選手聽候老師的指令，完成每日題目，但林諭敬是追著老師跑，照三餐向老師確認練習進度與接下來的題目。

會這麼拚，一方面是因為一同訓練的同儕，包括一位曾參賽過、實力明顯超前的學長給予的壓力。林諭敬回憶，剛開始練習時，一題需要花上八、九個小時才能完成，而學長只花了兩個多小時。為追趕眼前的對手，就連颱風天放假，他也偷偷跑到學校練習，被負責培訓工業配線職類的老師鄭才新趕回家。

林諭敬最終在全國技能競賽分區賽贏過學長，獲得金牌，「我以前都認為自己贏不過學長，從獲得金牌之後，我才發現好像對手是誰不重要，我要把自己的事做好」。高三再獲全國技能競賽決賽銀牌，順利保送臺灣科技大學。

奪牌後，林諭敬與張鈺楨之間的師生關係，從敵意充斥轉為亦師亦友，林諭敬成為科主任張鈺楨的活招牌，被邀請回校分享、輔導選手。全國賽奪牌似乎頗為激勵學生，相比過去有意願參賽的學生僅僅三、四位，該屆參加校內選手遴選的學生高達三十多人，將近整班的人數。

升上大學後，林諭敬本無意繼續參與國手遴選，但看著張鈺楨輔導國手，為他們向業界爭取各項資源，他也心動了。在期待收穫更豐富資源的動機之下，林諭敬決定於大二休學，拚國手資格。

高強度訓練卻迎來反噬　悟出備戰方法論

準備國手選拔的那一年，又是一次走火入魔的訓練過程。那年技能競賽內容大幅調整，過往常見的台、日控制器，被要求改為更加精細的歐系系統，「對我來說，等於參加一個全新的比賽」。林諭敬回到松山工農訓練，從早練到凌晨，「比賽是三天，共十八個小時，我會全部的份一起完成，從第一天一路做到第三天」。為了高強度訓練，林諭敬索性睡在學校。

誰也沒想到，過於瘋狂地訓練，卻使得他在國手選拔賽前夕焦慮不已，「剩下一兩個月時，我已經沒有任何地方可以進步，但又要維持水準、不能退步，每天都很焦慮」。第一階段國手選拔賽因失常接錯線，林諭敬才開始反省、調整自己的訓練方式，花更多時間在思考，改進整體策略。如此調整明顯奏效，第二階段的比賽，林諭敬獲得近滿分的分數，大幅領先其他選手。

備戰國際賽電氣裝配職類時，林諭敬維持這種從容的狀態，每天睡到飽、經常坐在沙發上思考，看起來懶散又放空的狀態，卻引起指導團隊的不滿，認為他不夠積極。在訓練過程無法獲得支持，加以多年來超出身心負荷的練習日常，導致林諭敬在賽前兩個月時，臉部痛到發昏，被診斷出三叉神經痛。弔詭的是，某次與指導團隊發生激烈衝突，林諭敬似乎因此發洩心中壓力，症狀竟有所好轉。

對林諭敬來說，走到備戰的最後一哩路，方法論比瘋狂操練來得重要，影響比賽分數的因素極多，像是各國裁判長可能會偏好自己國家的選手，給予較優的評分，因此林諭敬彈性考量、不拘泥牽扯到主觀評分的部分，而是確保各項基礎項目不會被扣到分。最後的衝刺期，他花上大把時間閱讀國外的技術文件和猜考題。

休學集訓一年半後，二〇一九年，林諭敬以隊長身分，帶領台灣國手遠赴俄羅斯參加第四十五屆國際技能競賽。雖然在第一天不幸遇上工具不見的意外，但後續幾日的項目都拿下近乎滿分的絕佳成績，最終收穫銀牌。

普遍而論，技職生經常是專注於技術，而疏於學科，但林諭敬反倒是時刻自我提醒不能放掉學科，甚至因為善於思考才掌握住優勢，「我覺得技術跟學術是相輔相成的，雖然技職國手身分看起來有光環，但那是因為高中生不在這個圈子，如果他們跑來學程式、學電路設計，說不定我們會被打趴」。作為隊長，他時常與該屆國手交流，建議選手多參考國外資料，別老是低頭死腦筋地做。

國手組合　強棒出擊

從國手選拔走到國際賽，張鈺楨一路協助松山工農畢業的國手們，最後還將林諭敬在內的三位國手引薦至外商實習。實習期間，他們三位合力完成公司重要項目，令主管讚賞、到處宣揚，從而開始收到企業詢問合作，才冒出「要不然開一間公司」的想法。約莫三個禮拜後，林諭敬與另外兩位國手邱瑋、張容爾成立公司「汰銀電機」，由林諭敬主責業務開發。

汰銀電機三位創業夥伴林諭敬（右二）、邱瑋（左一）、張容爾（右一）都是松山工農電機科主任張鈺楨（左二）的學生。（林諭敬提供）

取名「汰銀」，靈感正是來自林諭敬，從全國賽決賽到國際賽，他都因「出槌」而錯失金牌。而如今，汰銀電機因為堅強實力而逐步站穩業界，不同於許多廠商以賣設備為主，汰銀電機服務範圍從軟體設計到設備挑選，整合技術，提供一條龍客製化服務。

原先一路搞不懂兒子到底在忙什麼的林爸爸、林媽媽，現在開始會關心公司營運；而張鈺楨至今仍與林諭敬一同奮戰，訪談前才剛一起前往德國漢諾威工業展觀摩。林諭敬笑笑地說，一直說服老師趕快退休，來他們公司。

當年基測失利，意外開啟林諭敬收穫豐富的技職之路。問他下一階段的目標，二十七歲的他回道：「希望可以在三十五歲退休。」

不當乖乖牌勇於質問 成就汽車噴漆新女力

楊婷喻

國際技能競賽
2019年「汽車噴漆」金牌

文——童一寧

精緻妝容，亮麗美甲，齊瀏海娃娃頭。如果不是身穿汽車技師服，任誰也看不出來，外型甜美、身量嬌小的楊婷喻，原來曾在二〇一九年，拿下世界技能界最高殿堂——素有技能奧林匹克之稱的國際技能競賽汽車噴漆職類金牌。這也是台灣在汽車噴漆領域的首面金牌。

楊婷喻如今服務於台北依德（BMW總代理經銷商），擔任汽車噴漆技師工作，同時也身兼企業內部教育訓練講師，以及技能競賽國手培訓老師，不但在產業界、學界都表現得有聲有色，在各大媒體也都能看到她接受專訪，侃侃而談她的金牌逆襲之路。但誰又能知道，在奪金之前，楊婷喻也經歷過一段辛苦的求學路？

高職選科茫然　爸媽的話引路

楊婷喻說，國中時的成績其實也算中上，但不愛讀書，所以早打定主意要念職校。只是十幾歲的小女生，並不知道該如何抉擇，想過讀應用外語，也考慮過護校，甚至覺得念冷凍空調科「可以吃冰棒、吹冷氣，好像很爽」。幸而楊婷喻有一對高瞻遠矚的父母，給了她改變一生的建議。

留學日本的楊媽媽建議女兒，外語是未來必備的工具，但不該是「唯一」的工具，所以她希望楊婷喻另選專長；楊爸爸是臺中工業高級中等學校冷凍空調科的校友，「冷凍空調要搬室外機，還要爬大樓外牆，太苦了」！他認為汽車技術除了建築土木用不到，幾乎是所有技職領域的綜合體，最適合楊婷喻好奇寶寶、什麼都想學的性格，而且「那個環境女生少，會很吃香」！

楊婷喻回憶，進入臺中高工汽車技術科之後，一開始聽不懂老師在教什麼，直到高二那年，因為「當選手可以不必考

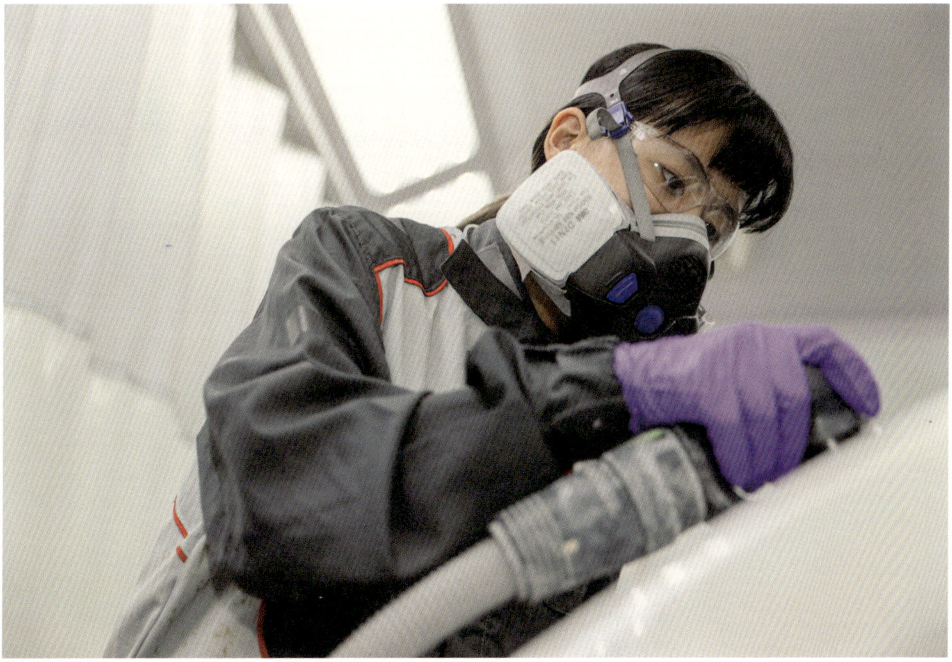

楊婷喻擔任汽車噴漆技師，非常樂在工作。（鄭清元攝）

跟許多乖乖聽話的典型好學生相比，楊婷喻有話直說的性格，反而為她帶來更多收穫。（鄭清元攝）

試」，自願加入技能競賽，展開大量實作練習，才漸漸理解「高一那年到底學了些什麼」。

只是楊婷喻的選手之路並不順遂，雖然老師都說她能力不錯，但每次參加全國技能競賽都在第一關筆試就被淘汰，根本沒有登場實作的機會。楊婷喻說，「筆試真的太難了，但也可能是不夠認真、不夠熟練」，她認為，主要是那時她還不懂得如何將學到的知識與技術融會貫通，「我想，這一切都是環環相扣的」。

直到進入臺北科技大學產學訓專班，楊婷喻才迎來了轉機。大一在職訓局上汽車技術課程時，她第一次接觸到噴漆，立刻獲得老師誇獎。大二要直接進入業界服務時，原本已經決定要做引擎技工的她，卻突然在面試時改變心意：「我要選噴漆！」

楊婷喻說，當時公司的人還不敢相信，一直反覆問她：「你考試成績不錯耶，真的不繼續修車嗎？」楊婷喻堅定地搖搖頭，「在汽車技術領域一直找不到成就感，我想換個跑道試試看」。

換跑道如打通任督二脈　勢不可當

沒想到，這一換，真的讓楊婷喻找到了新方向。才上班一兩個月，公司就問她，有沒有興趣繼續參加比賽？全國技能競賽分區賽的北區比賽場地，就在她的公司，場地方總要有自己的選手，而楊婷喻的年紀又剛好。當時她的反應是：「蛤？我才剛進來，什麼都不懂，要比個毛啊？」但公司誠意滿滿，「你只要決定想不想比，我們自然有人教你」。

於是楊婷喻在師父的帶領下，再次展開了選手生涯，一週五天，每天平均訓練十小時。第一次參加分區賽，她在比賽前一個禮拜才練習，就得了銀牌；接著只練了一個月，就拿下全國決賽金牌；隨後一路順利取得國手資格，又只花了半年，就在二〇一九年夏天，奪下了國際技能競賽汽車噴漆金牌！

楊婷喻說，噴漆對當時的她而言，是個全新的領域，非常好玩，而且又有成就感，因為「不用筆試，直接比術科」，同時又能立刻看到改頭換面、立竿見影的成果。儘管訓練過程中，她也曾「鬼打牆」，例如補土總是補不平，怎麼嘗試都不滿意，「也會生氣啊」！不過她並不將低潮放在心上，回想起整個訓練過程，她說自己從頭到尾都保持著愉快的心情，「而且一定要充分睡眠，練習才會有效率」。

就連在緊張的比賽現場，楊婷喻也仍然秉持著師父的叮嚀：「一定要開開心心，保持笑容，不用理別人，自己把自己管好，保持平常心就可以。」她說，比賽期間的四天，她每天都抱著「就是來玩的心態」，笑咪咪進出會場，終於某日有個裁判忍不住問她「你怎麼可以每天都這麼輕鬆，這麼開心？」楊婷喻大笑說：「因為比賽過程就真的很快樂啊！」

不過楊婷喻也說，因為她的學習歷程與大多數選手相反，大家都是從學校進入業界，她卻是先到了業界，才回到學校，所以在面對老師的指導時，她其實已經從工作中建立了自己的系統。跟許多乖乖聽話的典型好學生相比，楊婷喻有話直說的性格，反而為她帶來更多收穫，「有時候老師給比賽建議，我覺得不能接受，就會跟老師『溝通』，你一定要說服我，否則我為什麼要改變？」但她也非常慶幸，在培訓過程中，老師們都能即時用清楚的論證，解答她的每個疑惑，也因此奠定了她摘下金牌的基礎。

如果世界有道門鎖　噴漆就是她的密碼

楊婷喻如今自有一套噴漆哲學，她說，就像女生做美甲一樣，要經過磨甲、拋甲面、清潔、上底膠、上色膠、做圖案、上封層等等繁瑣步驟，噴漆也是幾乎完全一樣的流程。她拿下手套，露出秀氣細長的纖纖十指，正是色彩淡雅、圓潤飽滿的美甲。這個想法難道就是從做美甲而來的嗎？楊婷喻很嚴肅而堅定地說：「不，我只是用這個方法，解釋給完全不懂的女生聽。」

正如楊爸爸的預言，楊婷喻進入汽車噴漆業界之後，深深覺得這是一個友善的職場，「公司環境很好，同事也都相處得很好」。當年曾經為筆試所苦的小女孩，如今也跨越了那道彷彿永遠衝不破的障礙，「有原廠認證啊，還是要考很多筆試，不過我現在考得超級好，可能開竅了吧」！

從對未來感到茫然的國中畢業生，到世界汽車噴漆金牌，楊婷喻說，如果世界的大門有一把密碼鎖，那麼當時靈機一動選擇了噴漆，就像是「我猜對了密碼」。她說，汽車噴漆為她帶來了全新的生活，打開了工作的視野，拓寬了社會上的人脈。

拿下國際技能競賽汽車噴漆金牌之前，楊婷喻是一個普通的汽車噴漆技師，奪牌後她則將比賽經驗與

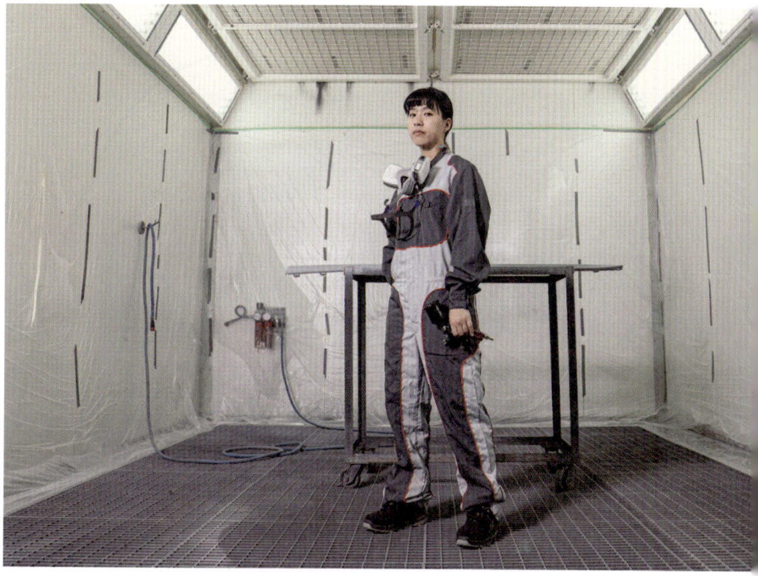

楊婷喻說，如果世界的大門有一把密碼鎖，那麼當時靈機一動選擇了噴漆，就像是猜對了密碼。（鄭清元攝）

專業知識，分享給更多人。

楊婷喻現在也在公司內部擔任教育訓練講師，面對許多經驗、年資都比她長的師傅，她都以誠懇建立信任關係，「我的技術不見得比較強，但是我的知識能力可以分享給大家」；她也經常進入校園向年輕學子演講，並且在學校訓練技能競賽選手，成為新一代國手培訓老師，「如果有學弟妹想投入噴漆這個領域，我都會說：有興趣就來吧，不管你是男生還是女生，直接開始做吧」！

只是，楊婷喻還是忍不住感嘆，台灣民眾依然普遍缺乏對於技職人員專業的尊重，有時在職場上，也會遇到客戶把車開進來，請技師查問題，查到了又決定不修，但連查修費都不願意付。「很多人就覺得，我只是修個車，為什麼要花這麼多錢？只是噴個漆，為什麼這麼貴？」楊婷喻說，「噴漆也是要技術的啊，而且要投入時間啊，不然我工具給你，你來試試」？

黃于貞

國際技能競賽
2017年「平面設計技術」金牌

線下跨域口碑接案 非典型平面設計師

文——楊迪雅

黃于貞說，設計與生活經驗密不可分，平時就必須多看、多接觸、多體驗。（鄭清元攝）

「我家那邊算是偏鄉，沒有什麼資源，小時候其實不知道喜歡畫畫以後可以做什麼。」出身彰化線西的黃于貞，站在升學的交岔路口，單純只是覺得廣告設計科「好像比較不會餓死」，就這樣展開了設計之路。

曾經對未來沒有太多想像的少女，卻在二〇一七年擊敗多國強勁對手，勇奪第四十四屆國際技能競賽平面設計技術職類金牌，是台灣睽違二十四年再次在此職類摘金。

從容應戰列強　比試對象是自己

回顧當時競賽現場，第一次面對來自世界各國的頂尖好手，黃于貞不僅不緊張，反而覺得好玩。

競賽過程長達四天，包含企業識別設計、編輯設計和包裝設計等項目，每個題目都是當場公布。她說，「你會被困在現場，也不能跟任何人交流，就是要在時間內把東西做出來」。這是一場自己與自己的比試，只能專心應對眼前的挑戰。考題中的企業識別，正好是她在國手培訓時曾練習過的內容，她謙稱自己很幸運。事實上，取勝的關鍵更在日積月累的努力。

面對各國強敵環伺，黃于貞指出，西方選手受到生活環境影響，確實具有美感優勢，她笑說：「畢竟他們一出生睜開眼睛，看見的就是漂亮的東西。」此外，國際賽多以英文進行，也須熟悉英文字型的運用，「有些不同的英文字體，在我們亞洲人眼裡看起來好像差不多，但是對那些西方人來說就是不一樣的感覺」。

但是，亞洲選手也有無可取代的優點，比如規格、出血、色彩設定等客觀技術，準確度極高，「因為我們就是可以地獄式的瘋狂訓練」。

國際賽的給分標準嚴格，所有細節都必須精準到位，沒有絲毫出錯空間。她笑稱，有了國際賽的經驗，「出來業界做的稿件都會很漂亮」。

比賽失利、接案不順　挫折帶來成長

在國際技能競賽大放異彩的黃于貞，並非一開始就一帆風順。

喜歡畫畫又擅長念書的她，高中考上中部商業類明星學校彰化高級商業職業學校。高三時，她參與教育部技藝競賽，原以為可以輕鬆取得好名次，沒想到事與願違，重重打擊她的信心。她觀察前幾名多是來自私立學校的學生，才打破「唯有國立好」的學歷迷思。

那時，她也經朋友介紹，接下人生中第一個案子。然而，看似簡單的餐廳DM設計，卻考驗著她的能力。「我發現，我不是做不出來，但是我沒辦法順利和業主溝通。」

她意識到表達的重要性，「做設計的話，我一定要敢講話，不然沒有人會知道我做的東西是怎樣」。於是無論是課堂報告，或是社團表演，只要是上台講話的機會，她都不放過，就是要訓練膽量。

比賽失利、接案不順的經驗，使她決心更精進自己的專業技術。考量獎學金與競賽培訓資源等條件，她選擇進入樹德科技大學視覺傳達設計系就讀。

認真生活　做好設計不二法門

踏入大學校園後，黃于貞主動爭取參加全國技能競賽，雖然未能取勝，她不氣餒，持續進修，並曾赴英國倫敦藝術大學短期留學，大二時在第四十五屆分區賽及全國賽奪金。順利取得國手資格之後，隨即展開一年的密集受訓，她曾在三間不同的設計公司培訓，以提升全方位的設計能力。

她表示，比賽首要關鍵是時間分配。選手往往求好心切，當同時有三項任務，就可能糾結於第一個任務當中，導致之後的項目潦草完成。「這和工作其實一樣」，必須妥善分配時間，確保所有作品的品質。除了最基本的時間掌控，也不能「只會設計」。競賽題型千變萬化，也對應著業界的真實需求，考題經常出現「高級感」、「商業感」等抽象概念，她認為若只是單純磨練技術，並不足以應對。

她以餐飲譬喻，「假設你沒有吃過米其林餐廳，可能就很難開一家米其林餐廳。你要了解那個位置的人到底在想什麼，才有辦法做到」。設計與生活經驗密不可分，平時就必須多看、多接觸、多體驗。認真生活，就是做好設計的不二法門。

現在，她也參與指導國手。她鼓勵後輩透過比賽汲取經驗，「比完賽，自然就知道自己到底幾兩重」，知道還有哪裡可以加強，自然進步就快。

培養跨領域能力　AI崛起也打不倒

當年的稚氣褪去，如今黃于貞已是一名獨立設計師。當興趣變成工作，原本只是愛畫畫的初心不免受到挑戰。雖然她讀廣告設計時，就決定了要走這一行，但是回到現實面，「熱情一定會磨掉」。她認為，多做跨知識領域的設計工作，雖然門檻較高，卻也更有樂趣。

在國手生涯當中，和許多不同職類的選手建立起惺惺相惜的革命情感，也為她的職涯帶來意想不到的幫助，當她接觸新領域的設計時，就不需要花費大量時間摸索。

黃于貞的設計觸角甚廣，嘻哈團體LOGO、醫療產業科普圖文都做過，且除了設計本行，她也樂於嘗試，企劃、文案、短影片都難不倒她。她喜歡與人接觸，在這網路時代，她卻不倚靠線上接案，案件來源幾乎都是來自見過面的客戶或朋友，她自承很非典型，開玩笑說：「我是線下接案大師。」

她說，若要踏入設計一行，必須先放下「藝術家」的身段，務實解決客戶需求。她曾設計內政部活動「宗教團體表揚大會」主視覺，台灣宗教多元，若要放入所有宗教元素，畫面龐雜，也可能掛一漏萬。後來，她用

左　黃于貞的設計觸角甚廣，圖為她為嘻哈團體做的LOGO作品。（黃于貞提供）

右　黃于貞承接緻品會議顧問公司委託，為「宗教團體表揚大會」設計主視覺。（黃于貞提供）

「愛」說服業主，「每個宗教的最大公約數就是愛嘛」，她以愛心結合無限符號，成功完成設計難題。

從學設計至今，黃于貞見證了產業趨勢的數位化。以往多是實體印刷品，現在要做電子書、Instagram社群圖文，尤其近年AI崛起，更是為各行各業帶來翻天覆地的變化。

「以前我接案，可能有幾十張、幾百張照片需要去背，我會再轉包給大學生；現在使用AI軟體去背，甚至去得比他們還乾淨。」不過，黃于貞認為，AI可以完成技術性的工作，卻無法取代設計師的思維，「懂得企劃、行銷，具有整合能力的設計人才是不會失業的」。

以設計參與社會　讓議題平易近人

設計的本質是解決問題，更可以傳達理念。

關心國際議題的黃于貞，在烏俄戰爭開打時，曾協助製作比較圖表，對她而言，設計也是發揮公民力量的一種方式。「你可以運用自己的力量，幫助更多人簡單快速地知道這些重要的事。」

對於生硬遙遠的內容，她以幽默方式轉譯，「有些議題的流量很差，我就加入搞笑元素，做成哏圖」。

走到今天，她最想設計什麼？黃于貞爽朗一笑，「我最想設計總統大選主視覺，因為這是攸關全台灣人民的大事」。即使可能因選戰而「炎上」，但能以最擅長的方式參與社會，所獲得的成就感想必也是無與倫比的。

一把剪刀闖天涯 跨文化的頂上真功夫

楊蘊蒂

國際技能競賽
2015年「美髮」銅牌

文——李佩昕

膚色較深的楊蘊蒂在人群中相當顯眼，因為她有一半的非洲象牙海岸血統。「在台灣，我被當成外國人，因為我比較黑；在非洲，我也被當外國人，因為我比他們白多了。」她爽朗地笑著說。

四海為家　精通多國語言

楊蘊蒂的祖父母從台灣舉家遠赴非洲象牙海岸開工廠，是創業第一代，楊家三兄弟也在象牙海岸成長，其中一個兒子與當地人結婚，生下了混血小女孩，就是楊蘊蒂。

楊家相當有國際移動力，在非洲出生的小蘊蒂，跟著家人回台灣讀小學，住了幾年，又搬去泰國，國中時再到非洲布吉納法索，「剛開始很不習慣，感覺才剛安定下來，又要到新的國家」。

這讓她在學科方面的學習很難連貫，但是不管到哪，家人都讓她學才藝，舉凡畫畫、英文演講、游泳比賽，她都盡量參加，用比賽成績來榮耀自己，也彌補學科缺憾。四海為家的成長背景，也讓她精通中、英、

楊藴蒂設計的髮型風格華麗。（李佩昕攝）

泰、法等多種語言，奠定語言上的優勢。

與美髮的邂逅　第一眼就定情

到快升高中的年紀，楊家終於返台定居，楊藴蒂以華僑身分，插入台中市五權國中。當時許多高中職都會邀請學校參訪，「我印象最深的是第一個去參訪的明德高中美容科，哇！好多假人頭的髮型都很華麗，非常吸引我，當時第一眼直覺是『就它了！』」

目標鎖定了明德高級中學美容科，但她對學科考試卻十分排斥。楊藴蒂口中的貴人——國中班級導師張家瑋，耐心幫她找到了可以透過抽籤的入學方法。楊藴蒂回想起剛回台時，因為膚色較黑，一些同學會在她經過時大叫：「有黑人！有黑人！」幾近霸凌的行徑，讓她很不舒服，在不知所措時，也是張家瑋出面維護她。「我覺得我的人生中充滿貴人。」她感恩地說。

就這樣，楊蘊蒂進了美容科，然而，當初她是為了那些令她著迷的華麗髮型設計而來，但入學之後發現，高一一開始的學習是以考證照為主，基礎課程較枯燥。本以為不用念書的她，對著眼前的教科書開始「懷疑人生」，只想著「如何才能學習那些酷炫髮型」？

一般二年級下學期才學實務課程，但有一個例外，就是當選手。楊蘊蒂從小就習慣以參加比賽的方式來取得成績，也喜歡學習上有表現，於是在

左　楊蘊蒂（右一）大學時回象牙海岸為當地小孩義剪。（楊蘊蒂提供）
右　楊蘊蒂（左一）與學生教學互動。（楊蘊蒂提供）

老師徵詢她參加選拔的意願時，「阿莎力」地答應了。

孤獨的國手之路　阿公的話如定海神針

選拔在學校裡很熱門，過程也沒那麼簡單，猶如闖關打怪。「我是運氣好吧！」楊蕰蒂高一上初試啼聲，第一場比賽就獲得北區分區賽第五名，第二場比賽在高一下，她在決賽中技驚四座，斬獲全國第一名，獲得保送臺灣科技大學的資格，接下來便一路過關斬將，高二下取得國手資格，開始八個月集訓。

學校嚴肅看待國手訓練，楊蕰蒂是當上國手後才感受到壓力。

「沒有範本給我，我不知道要做到什麼程度。」指導教師群每個人說法不一，讓她無所適從，也磨合很久，訓練遇到瓶頸。

但楊蕰蒂的阿公教她對老師要有禮貌，引導她理解，並要學會感謝。「家人中，阿公是唯一支持我，願意跟我聊、鼓勵我的人，他叫我要有智慧地應對所有事。」阿公細心且睿智的引導，像是為楊蕰蒂的心拋下定海神針，讓她在混沌中找到方向。

練習用的髮品、假人頭，消耗量大又昂貴，國際通用的假人頭一顆就要新台幣萬元起跳，且用過後很難重複再利用，所幸各界提供許多的贊助，「整個國家都在協助我」。

在眾人的支持下，楊蕰蒂心無旁鶩地練習，作息非常嚴謹。面對一整天的假人頭，不斷地操練，還跑步練身體。學校並安排了學界指導，帶她到中國參加模擬賽，這些對她的幫助都很大，讓她不只看到自己，還看到了更大的世界。

八個月後，楊蘊蒂在巴西聖保羅舉辦的第四十三屆國際技能競賽拿下美髮職類銅牌，維持她一貫的風格，用比賽榮耀成績。

然而，人生總是充滿遺憾，「阿公在我比賽前幾週過世了，沒看到我拿獎」。

豐富的跨文化交流　讓她「髮」力全開

上了臺科大，開始有教學與傳承的機會，幾乎全國高中職的美容科，她都曾以業師的角色協同教學過。前勞動部常務次長林三貴還推薦她給英國美容工會的大老，楊蘊蒂因此開始經常出國擔任國際比賽裁判，豐富了她的資歷。

楊蘊蒂在大學也獲得許多出國學習的機會，不僅去了三次日本，也到泰國學習人妖秀化妝，還回到非洲象牙海岸的傳統部落學習編髮，跟著當地人用手吃飯、睡地板，深刻體驗當地生活。

畢業後，她落腳台南市永康開設貴朵美髮工作室，擔任美髮產品開發技術總監，積極投入相關產業。全台多所大學、高職學生、甚至培訓老師都慕名前來，讓楊蘊蒂手把手指導各式比賽的大小細節。

走過國手之路，楊蘊蒂感恩一路上都有貴人相助，「現在，我也要當別人的貴人」。她贊助學生，讓他們當助教、開眼界，以增加他們的經歷；同時鼓勵學生繼續保持熱情，不要因為一場比賽失利就突然放棄，因為職業養成是很漫長的，比單次比賽的結果更重要。

「現在學生都太急，想快點看到成績，不想走這漫長的過程，這樣是很難達標的。你一定要放慢、不要急，讓過程慢慢地引導你前進，就會看到未來。」

楊蘊蒂（中）打算帶領來自全國各地的學生進軍國際美髮大賽。（李佩昕攝）

陳詩婷

國際技能競賽
2015年「服裝創作」金牌

用針線說社區的故事 在地的服裝設計師

文——李佩昕

「以前都自己練、半夜練，不跟任何人交流，就是認為自己什麼都會了，所以成績不理想。」花了五年、競賽七次，一再陰錯陽差和國手資格擦身而過，爽朗的陳詩婷笑說「當時就是自大」，沒想到最後一次跟學妹一起練，教學相長，陳詩婷反而拿到「人生中的第一次第一名」。

陳詩婷從小喜歡畫畫，國中時參加繪畫比賽，就曾用春夏秋冬四季為主題，創作出表現各式服裝特色的圖畫作品。升高中時，她毅然決定前三志願都選擇職校的設計科系，也如願地考上嘉義高級家事職業學校流行服飾科。雖然她一開始對服裝一點都不了解，「白紙一張，也對設計師沒有存在幻想，單純喜歡畫圖」。

擇己所愛　一筆一畫都是實力累積

住在嘉義民雄的陳詩婷，家裡開麵包店，在家人的引導下，哥哥選了餐飲科就讀，家人原也想讓她就近入學，可以幫忙做生意，但陳詩婷不想。「我永遠記得，媽媽說，自己選擇的路，就要自己負責。」

陳詩婷牢記媽媽的話，認真學習，上課時將老師說的和畫的，詳細地抄入筆記中，自己消化吸收後，再練習畫出設計及打版圖，三年下來，畫了好幾百頁。

透過校方介紹，她得知有技能競賽，如果在比賽中得名，可以升學、學技術，還有獎金及未來。一向很有主見的陳詩婷高一就決定參與培訓，但可能得失心太重，當時的她一度失去了笑容。高三那年，她終於奪下全國技能競賽銀牌，畢業時，她把自己厚厚的兩大本手寫筆記送給學校，以作為對母校的感謝。

陳詩婷之後進入實踐大學服飾設計與經營學系，但仍沒有放棄國手夢，在寒暑假返回嘉義家職繼續練習，終於在大三那年，第三度參加競

陳詩婷2023年成立「連衣連文創工作室」，提供代客服務、課程教學等。（李佩昕攝）

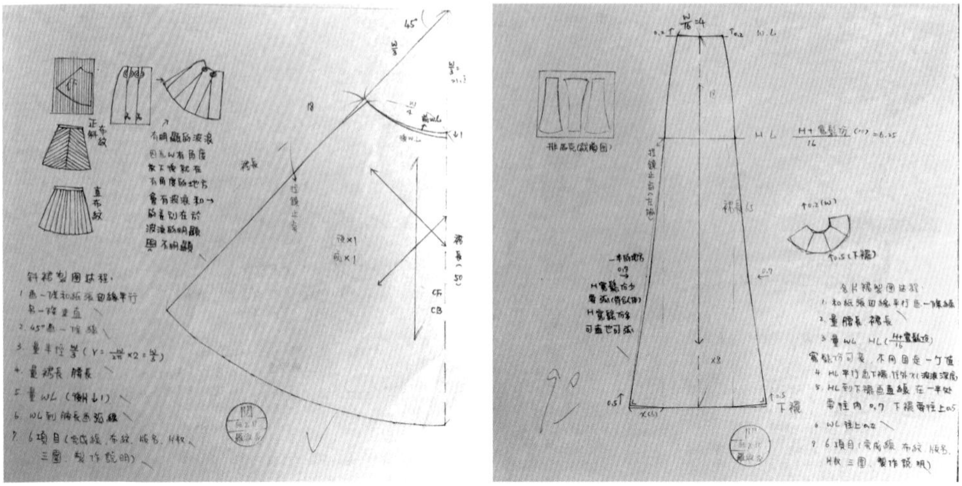

陳詩婷將高職三年累積的數百頁筆記送給母校。（陳詩婷提供）

賽時，取得國手資格。

陳詩婷毅然休學，回嘉義家職和學妹一起進行魔鬼般的訓練，按表操課，畫了數不清的設計圖。不管是薄的風衣布，或是厚的雙面毛料，到她手上都會立馬變成錦衣，因為比賽的規定是一天就需要完成一件。曾練習到手發炎的陳詩婷不覺苦，堅定地朝夢想前進。

在比賽現場，陳詩婷面對意料之外的難關，洋裝布料和之前大會公布的落差很大，現場材質一拉就鬆，車布時容易變形，做出的洋裝和練習時不能比，讓她很沮喪。

陳詩婷轉換心情，克服失常和緊張，趁鑲上裝飾珠子時，趕快整燙衣服，最後成品竟然比平常練習的更美。二〇一五年，陳詩婷奪下在巴西聖保羅舉辦的第四十三屆國際技能競賽服裝創作組金牌。

理想很豐滿　現實卻很骨感

大學畢業後，陳詩婷回到嘉義，在高職實習打工的禮服公司上班兩年後，決定在家創業，接了最拿手的台灣設計師品牌的打版和打樣，又因為想出國進修，還一邊補習英文，但一年後卻發現，賺的錢沒有當上班族的時候多，瓶頸也難突破。

這時，剛好國手培訓時的老師打電話來關心，工作進入低潮期的她，最終決定攻讀研究所，考上台南應用科技大學視覺傳達設計所。

這時候的陳詩婷更成熟了，她學會經營粉絲專頁，也學了攝影以利幫作品拍美照上傳。二〇二二年她的創作論文需要畢展輔助，陳詩婷藉論文展演與工作接軌，以主題服裝的方式說社區的故事，讓學業及工作順利銜接。活動當天吸引不少人參與，有專家學者、一般民眾、粉絲，還有一大票親友團。

經過摸索與學習，二次創業的感覺對了。陳詩婷入圍嘉義縣青年創新創業輔助計畫，獲得新台幣二十四萬獎金。她笑著說，是工作室的啟動金。

「我就是種鳳梨的啦！」　二度創業結合在地

幾年下來的跌跌撞撞，陳詩婷體認到就算在鄉間，流行設計也應該要與在地產生呼應和連結。家鄉盛產鳳梨，她於是與農場合作，幫農友們設計工作服，讓他們可以在農特產展售會裡穿著，大大提升了辨識度，好像在跟大家說：「對，我就是種鳳梨的啦！」讓農作服也提升了設計感。

「創業初期，親友很重要。」一次她收到五百件衣服的訂單，兩週就要交貨，她喊來親朋好友，大家一起來幫忙，車縫的車縫、裁衣的裁衣，目標是讓一人工作室的訂單能如期交貨。問她怎麼親友團都會做衣服？「我是讀家職的啊！學妹很多啊！」工作室把大家都串了起來。

陳詩婷的「連衣連文創工作室」在二〇二三年成立，接案範圍包括設計案、訂製案、代客服務、課程教學及工作室風格設計等，在工作倦怠期也會跑去參加市集活動。

脫胎換骨後的陳詩婷，明白金牌不是一塊保證獲利的金磚，而是一塊未來夢想的敲門磚。

「你先做再說，沒有開始就不

陳詩婷（前排右三）以嘉義後驛社區設計一系列服飾創作作品。（陳詩婷提供）

知道問題在哪裡。大部分的小孩想很多，卻做很少。對於夢想，我們應該先設小目標，累積小成就，再成就大成就。」陳詩婷的創業之路走得更堅定，對人生也有了嶄新的理解。

2023年，陳詩婷（前排左二）的工作室舉辦成果展。（陳詩婷提供）

聽不見不是阻礙 木工世家無聲也精彩

李政軒

國際展能節職業技能競賽
2016年「基礎家具製作」金牌
2023年「平面木雕」銀牌

文——林孟汝

五月中雲林的陽光已是熾熱難耐，偌大的「軒的屋工坊」室內擺滿大大小小機器及工具，已完成、未完成的木作品散落在各工作檯，因怕木屑飛揚，僅靠一座電扇讓空氣流動，屋內三個人汗如雨下卻渾然不覺，像與外界隔絕般專注工作。

原本想當桌球國手的李政軒，卻因聽不到也無法說話，溝通成為球技更上層樓的阻礙。他轉念繼承祖傳三代的木工技藝，沒想到因為技術精湛，兩次在有身障界技能奧運之稱的國際展能節職業技能競賽中奪牌。由於他不畏障礙、勤奮努力的精神，二〇一七年由蔡英文總統親頒「總統教育獎」表揚，過程中李政軒露出靦腆笑容以「我愛你（I Love You）」的國際手勢傳達受到肯定的感動。

無法說話難圓桌球夢 木工世界找存在價值

也是聽障的媽媽汪必珍說，大兒子聽力沒有問題，次子李政軒兩歲後卻確診重度聽力障礙，當下夫

李家三人共同經營「軒的屋工坊」，桌面一字排開都是木作工具。（張智彥攝）

妻倆內心宛如晴天霹靂，但他們堅信「只要努力不懈，聽不見不會是人生的阻礙」，在小學老師極力鼓吹下，決定讓李政軒就讀聽人學校，學習與一般人互動的方式，希望擴大他人際交流範圍，更融入社會。

因為聽不見，李政軒學習任何事物得比一般孩子多花好幾倍的時間。所幸李政軒數理、邏輯能力不錯，一路順利完成小學、國中學業，平時喜歡和同學打桌球，一度懷著當桌球國手的夢想積極練習。但進了斗六高級中學後，課業壓力愈來愈大，老師除了寫板書，也會口說補充內容，心思細膩的李政軒感受到別人不耐煩的氛圍，「不好意思」麻煩同學、老師，不懂也難以獲得解答，漸漸地連一向拿手的科目都跟不上。

深感挫折的他在課堂上常覺得不自在、寂寞，筆談聊天跟不上同學的速度，也欠缺共通的話題，李政軒愈來愈封閉，曾形容自己處在無聲的世界「孤獨得像一朵雲」，但高中同學「依然接納這樣的我，讓我不會一直覺得很孤單」，李政軒說。

考上體育大學後，想當老師的李政軒又再次面臨無法說話溝通的巨大阻礙，對未來職涯感到迷惘，因緣際會下，在大二轉學至南華大學，走上和父親李介洲一樣的國手之路。

努力不懈堅持學習　紙筆求教精益求精

「家具木作、雕刻有很多技巧在裡面，一定要靠不斷地琢磨、練習，精益求精，才能夠在比賽中勝出。」前南華大學創意產品設計系系主任鄭順福形容李政軒「真的、真的就是很努力」。

家具木工職類裁判長盧俊宏、鄭順福對李政軒有知遇之恩，但期待「孩子，我要你將來比我強」的李介洲才是李政軒成功背後最大推手。李政軒有與生俱來的天分，小時候卻對木作沒有興趣，李介洲耐心等待、一步步引導，希望兒子未來能繼承家業，成為第四代接班人。

「當時是他爸爸親自來南華大學拜託我訓練李政軒」，聽障者的學習過程較常人艱辛，沒有什麼一點就通的魔法，光環背後隱藏無數的努力和汗水。而「知錯能改、不恥下問」則是鄭順福在訓練過程中對李政軒的印象。

他說，國際展能節職業技能競賽家具木工類別的參賽選手必須在限定時間內完成考題指定的作品，而且造型、尺寸比例及精緻度，都要符合考題的圖樣，在純手工製作下，接合需要靠榫接技術，鬆緊度不合

左　李介洲（右）曾在第五屆國際展能節職業技能競賽奪下木雕職類銅牌，李政軒（左）經常向父親請益。（張智彥攝）

右　李政軒（左）未來想繼續挑戰籐藝類競賽，替媽媽（右）圓金牌夢。（張智彥攝）

「有幾個縫就會扣幾分」，選手必須經過不斷的實際製作演練，才能熟能生巧呈現出精確度。

「雖然無法用言語溝通，但只要李政軒想獲得的知識還是技術，他會用紙筆來虛心請教，不會自己悶著頭蠻幹。」

鄭順福表示，技能競賽最重要的關鍵是製作時間的掌控，參賽選手常來不及完成作品，因此他在開始訓練李政軒時，也曾告誡他時間的重要性。「應該八點就要到場訓練，政軒剛開始會遲到，遲到第三次後，我就把他關在門外，不讓他進場，從那一次以後，他都很準時。」

傳承父親好手藝　國際賽兩度奪牌

在為期半年的特訓後，李政軒和家人到了法國競賽現場實際上陣時，覺得「自己有點危險，可能不會前三名，有點膽戰心驚」，但最後結果宣布，他勇奪二〇一六年法國波爾多第九屆國際展能節職業技能競賽基礎家具製作職類金牌，與李介洲相隔十三年獲得同樣殊榮。媽媽當場哭了，比她自己在籐藝類拿下銅牌還開心。

為何能一舉奪金？李政軒分享，除了睡眠充足提升專注力外，比賽前要讓自己的心情放鬆，不能把訓練時的緊繃狀態一直帶到比賽當天，他也靠陪著家人到處玩，紓解壓力。

因為拿牌獲得成就感及自信心，李政軒愈做愈有興趣，又在二〇二三年挑戰第十屆國際展能節競賽「平面木雕」職類，這次除了技術還需要加入創意，難度更高。李政軒捨棄一切年輕人喜歡的玩樂全力備戰，競賽主題公布後，更四處請教專家、前輩，其中包括曾在第五屆國際展能節職業技能競賽拿下木雕職類銅牌的李介洲。

2017年，李政軒（左二）獲頒總統教育獎，在典禮現場以手語和蔡英文總統（左一）互動。（總統府提供）

「爸爸有三十年的經驗，木雕技術一定比我好，也幫我很多，不過創意部分大都要靠自己摸索學習。我常上網觀摩別人的作品或藝術品，內化成自己的養分。」李政軒後來拿到銀牌，離替爸爸奪金的目標只差一步。他未來打算再接再勵，進軍籐藝類競賽，替媽媽圓金牌夢。

參加國際競賽打響名聲，一起打拚事業，將李政軒一家緊緊地連在一起。在父親望子成龍的期盼下，李政軒回南華大學攻讀碩士學位，學習更多新的木藝技巧、行銷觀念，並將這些新知帶回家與父母分享，幫助他們在工作時更安全，也更能發揮所長。

「祖父那一代開始在做木工，但當時的資訊不發達，因此爸爸到現在仍有些是依照傳統技法製作，可是現在已有很多新的技法，像拼接工法、雷射雕刻、車床可以把弧形做得更加圓潤等等；或者以前切割機沒有防護設備，操作時很容易受傷，曾發生手指被機器截斷，讓職涯中斷的意外。」李政軒說。

李介洲父子的作品質樸且帶有檜木特有的香氣，「原本的技術跟新的工法結合」呈現木作之美。現在李家除了接案，假日也在古坑綠色隧道擺攤，展售自己設計的產品及藝術品，在口耳相傳下，相框、名片等文創小物都有不錯的銷量，李政軒一筆一劃雕刻出的大象藝術品也有民眾視為珍寶收藏。

即使聽力限制夢想 一樣闖出職涯一片天

「有很多工作需要依靠聽力或溝通，比如我想做木吉他、小提琴等價值較高的製琴工作，但我無法透過試彈發出的聲音去調節音質跟木箱的結合度。」李政軒覺得聽不見確實會限縮他的夢想，生活也多有不便，如工廠就常常發生忘了關機，機器運轉整夜耗電的情形；但同樣的，聽人也有解決不了的問題，就像爸爸對他說的「聾人和聽人是平等的，只要有心，一樣可以把事情做好，他們有的技術我們也會」。

李介洲手藝渾然天成，木作木雕都在行，曾獲得多項技能競賽獎牌肯定，也到山峰國小教學童製作簡單木藝品。他認為創作過程難免挫折，但家人的鼓勵支持是他屢敗屢戰、最終做出優質作品的的最大後盾，因此也希望兒子能夠繼續更努力鑽研專業。

未來李政軒除想把對拼接的研究應用在家具設計，做出有自己風格的家具外，也希望和父親一樣成為老師，協助更多人學會木工技藝。

陳淑盈在家鄉創設的「醂頌坊」甜點店頗受好評，櫃子裡的各式蛋糕甜點幾乎銷售一空。（王貝林攝）

陳淑盈

國際技能競賽
2011年「西點製作」優勝

西點裡奮勇向前
品嘗苦味換來的甜

文──王貝林

國中畢業就取得烘焙丙級證照，在國際賽上獲獎連連，不但圓了開甜點店的夢，又如願回母校作育英才，三十多歲的陳淑盈，無疑是人生勝利組。感念成長過程總不乏有貴人相助，現在陳淑盈最想做的，就是「成為別人的貴人」！

想念餐飲科受阻 決心「先下手為強」

父母對做菜都很拿手，二姊高中讀的又是餐飲科，經常在家裡試做一些小點心。從小愛吃甜點的陳淑盈，小學六年級就開始跟著學做甜點，國三基測（後改為會考）後到同學家聚會，幫大家做的點心備受好評，她也覺得教人做小點心很好玩，就去報名了當時救國團開的烘焙班，並順利考取丙級證照。

國中老師覺得她頗有天賦，建議她可考慮往此發展。但媽媽卻反對，認為根據二姊的經驗，餐飲之路很辛苦，學烘焙又很花錢，希望她還是去念普通高中。向來極有主見的陳淑盈決定先斬後奏，在沒填任何志願的情況下，瞞著父母偷偷將基測成績單送到獨立招生的明道高級中學報名，「就是非餐飲科不念」！

高二開始，陳淑盈就積極累積競賽經驗，並取得二〇〇五年香港國際美食大獎盤飾甜點銅牌。陪同參賽的媽媽看見女兒的努力與成果，這才認同她的選擇。

憑著多次參賽的優越成績，陳淑盈如願保送高雄餐旅大學，並在大二就取得國際技能競賽國手資格。訓練過程中，因為向店家商借冰淇淋機認識了老闆，意外為她帶來畢業後的第一份工作，完全沒有「畢業即失業」的擔憂。

備賽過程讓陳淑盈的抗壓力不斷升級，國際技能競賽上，接連遭遇「黑盒子料理」的考驗——在賽前不知道食材內容的情形下，考驗臨場反應及團隊默契。還好陳淑盈都因應得宜，二〇一一年倫敦國際技能競賽西點製作職類拿下優勝後，又在二〇一五年與公司團隊參加希臘國際南歐廚藝競賽，在十四國參賽隊伍中，以創意甜點勇奪年度最佳團隊金牌，為台灣爭光，讓國旗在會場飄揚。

物流、金流、行銷……夢幻甜點店不夢幻

之後，陳淑盈決定一圓開甜點店的夢想。她回到家鄉彰化埔心，創設了「醚頌坊」甜點店，「每個少女少男對甜點工作會存有幻想，會覺得這工作是很夢幻的，每天做甜點就是漂漂亮亮的，應該很開心、很快樂」。

不過，「其實這工作並不輕鬆。每天烤蛋糕，都要在很高溫的環境、每天要搬一袋重達二十二公斤的麵粉、整天站著工作

左　陳淑盈在2011年於倫敦舉行的國際技能競賽中，以作品《雙囍臨門》贏得優勝。（陳淑盈提供）

右　陳淑盈（前排右二）與公司團隊在2015年國際南歐廚藝競賽中榮獲金牌。（陳淑盈提供）

至少八個小時，有可能需要加班、超時、熬夜，過程中必須要很有耐力跟毅力，靠的不外乎就是熱情」。

陳淑盈開始面對一連串實務面的嚴苛考驗。畢竟創業資金有限，製作甜點本身反而成了最簡單的事。雖然在大學擔任助教時就學過控管物料、盤點，但如今從金流、人員管理，到行銷、設計，談合作、聯名、畫海報、發傳單⋯⋯，樣樣都得學，一切都得「校長兼撞鐘」。夢幻的甜點店，其實一點都不夢幻。

為了堅持夢想，即使最殘酷的COVID-19疫情難關，陳淑盈都熬過來了，甜點店在地方上頗受好評，她開始思考圓夢後的下一步，希望可以再做一些更有意義的事。

她畢業後陸續在母校明道中學為學弟妹演講或臨時代課，這時剛好母校的主任邀她返校授課，秉持「傳承，是明道最美的風景」的優良傳統，她決定轉赴教職，並經常到各地開設講座，為大家指點迷津。因為關鍵時候的一句話，就可能改變人的一生，她希望自己也能夠成為別人的貴人，幫助他人完成夢想。

走過霸凌歲月　甜點課外的細膩關懷

很難相信，外表開朗的陳淑盈，高中竟過著被霸凌的慘綠生活，她自嘲有社交恐懼症，原來她因為表現優異，高一就被破格錄取為參賽的儲備選手，高二之後還開始幫老師宣導各項競賽，成為老師教學的好幫手。可能是樹大招風，有學長姊開始打壓她，同學也開始排擠她，懷疑她在宣導競賽時，故意疏漏訊息，甚至謠傳她早是內定人選。

儘管老師安慰她不要在意，但面對孤立，她只好全心投入練習，但也從此不愛社交往來；直到上大學之後，大部分的人際關係從頭開始，同儕年紀也較成熟了，能夠認同她確實是靠自己努力得來成果，情況才有所改善。也因此後來教學時遇到類似狀況的學生，她能特別感同身受與付出關懷，幫學生慢慢走出困境。

陳淑盈鼓勵學生多參與競賽，明白「很多基本的概念、知識，都必須從書中獲得」。例如美學，「沒有底蘊，就沒有文化（涵養），思考受局限，就看不到別的世界」；語文表達能力也很重要，「如果國文不好，美食到底有多好吃，就說不出個所以然來」，學餐飲卻無法描述、表達口感，只能說是無上的遺憾。

對於想要參與競賽的學生，她建議首先應提升美學素養，平時可以多參觀美術館、翻閱相關美學及攝影書籍；其次得培養抗壓力，畢竟備賽是得一個人走的漫漫長路。遇到撞牆期或爆棚的壓力，可以先放下、抽離，「出門逛逛蛋糕店、找人聊聊天或翻翻閒書，都有可能觸發靈感，還可以放鬆一下，順便練練味覺」。

為正規課程把脈　免費增能課大受好評

返校教書三年，陳淑盈發現，學校正規的教學準則，很難滿足競賽多元變化的需求。例如過去比賽時她就發現，有美工、廣告設計背景的參賽者，在盤飾、拉糖、法式甜點、手工巧克力等項目的作品，都特別有美感。餐飲講究「色香味」俱全，美學、色彩學、繪畫概念等與美感相關的涵養，絕對不可或缺，這樣在「色」的表現上，才能有所提升。

她開始利用放學後或假日免費開設「增能課」，為學生設計加強美學能力的課程，特別商請廣告設計科的老師來傳授攝影技巧外，也訓練學生對味覺差異的感受能力，用海鹽、岩鹽、粗鹽、精製鹽等不同種類的鹽，以及糖、醬油、醋、水等，讓學生品嘗並說出差異，以提升對風味的品評能力。「明年增能課的風味品評部分，我就想讓學生懂得享受原形、原味的食物。」

陳淑盈（左二）在明道中學餐飲科授課，教導學生製作甜點。（王貝林攝）

這些「增能課」引發不少學生的學習興趣，認為這些在正規課程中學不到，不但有趣、接軌競賽需求，還能學到流行甜點等新鮮好玩的東西。有學生甚至主動要求陳淑盈加開「增能課」，校方也同意在課綱容許的範圍內，對風味品評的課程講義做出變動，這都讓陳淑盈頗有成就感。

而最近幾年各界都在倡導的「食農教育」概念，也開始融入課程中，甚至配合青創團隊，讓學生到校外實地務農，校內花圃也有小規模的種植，收成的農產品直接成為烹飪課的食材，讓學生感受從產地到餐桌「粒粒皆辛苦」的辛勞過程，更能珍惜食材。

教學、開店兩頭兼顧，還要規劃「增能課」，改革更免不了得衝撞既有的教學體制，想要成為別人貴人的陳淑盈，選擇走這條人跡罕至的路，用她的熱情向前衝！

工藝與花藝共舞
打破框架的衝突美學

古文旻

國際技能競賽
2011年「花藝」銀牌

文——楊正敏

古文旻的作品《異界》，以差異凸顯自然的本質，展現包容，衍化出新的生命元素。（古文旻提供）

古文旻一出生註定與花結緣，但卻是參加技能競賽後，才啟發了他對花藝的興趣，成為現今台灣首屆一指的花藝師。二〇二四年賴清德總統就職典禮觀禮台的會場花藝布置，就是由他策劃，與勞動部勞動力發展署花藝職類團隊共同完成。會場上，大量運用台灣花卉，結合永續環保的觀念，這些創意與設計，都是他不斷嘗試各種可能碰撞出的火花。

花店二代卻對花藝無感　競賽竟激出他的興致

「家裡開花店，看到的都是最辛苦的那一面，所以我小時候對花藝無感。」古文旻說，母親節、耶誕節、過年，從小到大各種節日都在忙著做生意，要幫忙洗飄出臭味的花桶，掃剪下來的枝葉，無暇也無心欣賞花的美好。

高中升學時，選擇離家近的松山工農，當時心裡並沒有未來的藍圖，只想著選一個跟花藝有關的科系讀就好了。古文旻選了園藝科，但讀了才知道，園藝跟花藝差了十萬八千里，花藝僅是園藝科的一門課而已。

古文旻回憶，高一時正好勞動部全國技能競賽納入花藝職類，當時高三的學長姊到家裡的花店訓練，引發他挑戰的興致。沒有認真學過花藝的他，高二通過學校的初選後，竟過關斬將，一路比到全國賽。

古文旻是第三十七屆全國技能競賽花藝類的冠軍，但他隔年卻沒有拿到國際技能競賽的國手資格。他說，落選的那一刻非常沮喪，一開始不懂難過情緒從何而來，後來才驚覺自己是真正喜歡花藝，而不只是耽戀成就感而已。

這次國手選拔的落選，也讓古文旻走上一條跟花藝八竿子打不著的路—工業設計。而這個轉彎，是他如今可以突破框架，跨界結合多元媒材，將花藝設計帶入新高度的起點。

陰錯陽差跨界工業設計　意外迸發衝突之美

在全國技能競賽奪冠的古文旻取得「菁英計畫」資格，可以保送到四所科技大學，但這些學校沒有「花藝系」，甚至沒有農校，唯一比較相關的是設計，最後進入雲林科技大學工業設計系就讀。然而，園藝與工業設計落差實在太大，古文旻說，「大一一進去要先畫一幅校園的風景畫，我那時候只會畫火柴人」，因此作業要比別人多花兩三倍的時間才能完成。

學校裡，有完善的實習工場，很多不同類型的產業，包括木工、金工、漆藝等。附近還有許多傳統加工廠，古文旻說，買飲料給師傅，他們就會很開心地幫忙他調整工具。這些資源，讓他有不同的嘗試和創作，也都成了後來在花藝設計上的養分。

古文旻在「衝突花藝展演」中，以不同設計風格衝突之後的融合，傳遞生命在不斷碰撞後的新型態。（古文旻提供）

古文旻的作品《源光聚物》，引希望之光，取生命之源，聚山林之魂，生成萬物之靈，化為生命之初最純粹的能量。（古文旻提供）

比賽現場遇緊急狀況臨危不亂奪銀

升學並沒有讓古文旻忘記國手夢。國手選拔有年齡限制，古文旻大二時面臨最後的機會，決定放手一搏，以台北為中心密集訓練，學校的課程也因而難以兼顧。他對老師說，「若按照規定，該給零分，就給零分吧」！於是他拿了一張滿滿都是零分的成績單。古文旻曾以這張成績單來勉勵學弟妹和後輩，「我做了一個重要的決定，也成就了現在的我」。

二〇一一年，古文旻如願代表台灣到英國倫敦參加國際技能競賽。不過到了倫敦，可能是水土不服，身體無法適應寒冷的天氣，而當時的體力也不夠好；又遇到突發狀況，做好的吊飾忽然掉了下來，插著花的試管都破了，「我現在還能想起現場人員看到吊飾掉下來的驚恐眼神」。古文旻說，當下也沒時間想太多，只好撿起來重做，半小時內完成規定作業時間兩個半小時的吊飾。

這個小意外造成的身心消耗，可能影響了隔天的比賽表現，最後古文旻僅拿下花藝類的銀牌，但這個經驗也讓古文旻如今在培訓選手時，中期就訓練他們的體能，以應付各種意外。

為了追求夢想，古文旻求學繞了一點遠路。奪下銀牌後，他先休學當兵，退伍後回到學校，前後七年，才終於畢業。作為國際技能競賽國手，是古文旻人生成長及突破最多的階段。在不同風格的培訓團隊及老師的引導下，造就了現在的他；重拾學業對古文旻來說則是一種歸零，他並不急著畢業，而是扎扎實實地學習。「那時候認識自己有很多不足，要把想學的東西學好。」

競賽練出彈性與應變力　創業之餘不忘傳承

古文旻說，花藝很需要解決問題的能力和彈性，也需要經驗的累積。因為花是生物，每天都會變化。練習和比賽的花不一樣，而每次比賽的花也不一樣。要先了解花的特性，今天的花材可以離水多久？吃不吃水？要如何處理才會吸水？到了商業上也一樣，有時作品選好了主花，結果當天市場沒有，整個搭配、色系可能都要重來。

參加競賽不能只練技術，不然遇到問題時就會手足無措。他強調，比賽需要的第一是對題目理解的能力，第二是解決問題的能力，接下來是基本技術，最後才是風格。如果題目看不懂、做不出來，只講求風格，不會有好的成績。

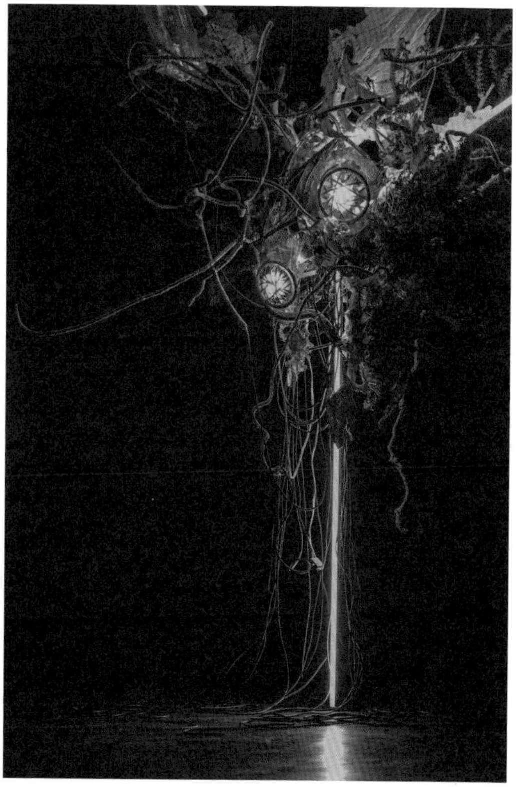

古文旻的作品《異界》，以差異凸顯自然的本質，展現包容，衍化出新的生命元素。（古文旻提供）

競賽和商業間其實差距不大，古文旻認為，競賽做的都是商業上有的，包括花環、吊飾、盆花、捧花、胸花，只不過競賽是在限定的時間內，追求極致的表現，在基礎的原則裡，將創意發揮到極致。

花藝是小眾市場，但台灣民間的花藝實力很強，過去在亞洲名列前茅。「要投入花藝產業不難，難的是活下去」，古文旻說，養成美感與自我的風格，累積一定的能量，再釋放開來，大家才會接受，而在這之間會有一段很長的沉潛期，因此建議年輕人要打好基礎，再追求設計和風格。

古文旻從雲科大畢業後創立Ku Flower古栻設計工作室，如今也擔任技能競賽花藝類的裁判長。古文旻說，當初培訓他的老師都是無償，國家也花了很多資源，為花藝產業努力，「我有這個能力和條件，為了產業盡一分力的話，為什麼不」？即便現在工作室正邁入成長期，他懷抱著回饋的心，想把自身的經歷傳承下去，讓年輕人的才華能像花一般綴放美麗。

武子靖

國際技能競賽
2007年「麵包製作」銀牌

烘焙不只是手藝 用腦袋和效率做麵包

文——陳姿伶

世界頂級麵包師傅是怎麼養成的？在一般人的想像中，可能是在燠熱的廚房裡，成千上萬次不間斷搓揉麵糰作試驗，與數不盡的烘烤失敗教訓奠基而成。然而，二〇二三年被國際烘焙組織UIBC（International Union of Bakers and Confectioners）評選為年度世界最佳麵包師的武子靖說，烘焙固然是一門手藝，但要動手，不如先動腦，以降低失敗的可能。他強調效率的重要性，「時間和食材，都是不能浪費的」。

從一支掃把的啟示 到失敗不過三的哲學

國際上獲獎無數的武子靖，在二〇二二年法國路易樂斯福世界盃麵包大賽中，與團隊成員奪下冠軍殊榮；更早在二〇〇七年，他就踏上世界舞台，於國際技能競賽一舉奪銀。而武子靖這一套講究動腦與效率的邏輯，正是源於當年國際技能競賽前國手培訓的震撼教育，直到現在，他麵包店內的產品研發，都還是

武子靖說，烘焙固然是一門手藝，但要動手，不如先動腦。（武子靖提供）

服膺於這一套哲學。

當年就讀高雄餐旅學院（後改為高雄餐旅大學）的他，在奪下全國技能競賽冠軍後，順利獲取國際技能競賽國手資格，到中華穀類食品工業技術研究所，接受烘焙組長（現為所長）施坤河的培訓。然而，訓練的第一個月，武子靖連麵糰都沒有摸到，每天只是打雜、清潔。

這真的是國手的培訓嗎？有一天，他終於忍不住開口說出心中的疑問。施坤河告訴他，比賽中有一件事至為重要，那就是除了做麵包外，必須讓比賽看起來像是一場表演。不但要講究工作的組織流程，還要表現得從容不迫，就連清潔也要非常徹底。而清潔要徹底，就要了解如何清潔。

「你知道為什麼掃把要設計成梯形嗎？」施坤河把武子靖問得丈二金剛。他接著說，若是連掃把怎麼用都不知道的話，又如何將清潔做得乾淨又有效率？恩師施坤河的訓練深深地影響著武子靖，養成他凡事探究背後「為什麼」的習慣，而每一個追根究柢，都是資料的收集，進而化作知識的累積。

武子靖描述，培訓過程不是辛勤地勞作，而是一次次地思想挑戰。在每一次動手試驗新作品前，他都要先寫一份計畫，經施坤河審核，沒通過就得重新來過。國手的培訓時間不長，因此效率很重要。動腦再動手，才能減少走冤枉路，而每個試驗也都必須設定最後期限。若是時限到了，就要能割捨，才不致耽誤到其他的訓練。

國手的培訓也形塑了他「失敗不過三」的自我要求。武子靖說，如今他在店裡的產品研發，只允許三次的試驗，到了第三次，基本上就必須是可以上架販售的產品。

三次試驗不成功，就不再糾結了嗎？武子靖說，若第三次還是做不到，那就表示想得太前衛、太天馬行空了，「承認自己的想法不可執行的話，多出的時間和心力，就可以去做其他事情」。

由內至外的彈性　他的處事之道

對效率的重視，不僅讓他行事更果決，在面對每個「此路不通」時，也更能轉個彎，寬心看待。

作為世界級的麵包師傅，武子靖說，常有人好奇他有沒有挫折，「有！幾乎每天都有」，特別是在創作新品的時候，挫折根本是常態。然而他說，「其實不用打敗挫折，跟挫折共處就好」。接受自己想法的不切實際，「不OK就不OK嘛」！

武子靖的彈性，不僅展現在內心的不執著，在比賽準備上，也懂得留下轉圜的餘地。二〇二二年法國舉行的世界盃麵包大賽，是一場兩小時前置作業及八小時烘焙製作，共長達十小時的馬拉松式比賽。當

武子靖（左二）與團隊成員在2022年法國舉行的世界盃麵包大賽奪下冠軍殊榮。（武子靖提供）

時，其他團員尚無出國比賽的經驗，以為訓練就是要連續多天密集跑流程。但武子靖力排眾議，主張跑完一天流程就得要休息個一兩天，否則在過程中發現問題，根本沒有調整及互相配合的空間。

後來，在每次八小時的團練中，團隊都會盡量找時間休息、吃便當，「所有來看我們的前輩，都覺得我們在亂搞」。武子靖說，「但是我們自己知道，這就是你了不了解比賽，有沒有動腦想過。到時候真的出去比賽，若每分每秒都卡那麼緊，一有個失誤的話就完了」。

最終，在有全球麵包界奧林匹克美譽的這場比賽，武子靖等三位頂尖的烘焙師傅雙手高舉，將台灣端上世界的眼前。然而，在卓越的成績背後，考驗的其實是平日的準備與功力的累積。

養兵千日用在一時　備戰不時之需

當時因COVID-19疫情的威脅，法國很晚才決定比賽時間。台灣在來不及辦實體選拔下，集結曾參加台灣區選拔的優秀選手過去的作品，交由委員會線上票選，而獲選者只有短短五個月的備戰時間。

武子靖說，要有夠成熟、夠炫、夠好吃的麵包，可以馬上拿到世界盃舞台，平時的儲備成為決勝負關鍵。他說，平時就應該點滴累積，才能隨時應對各種情況，無論是參加比賽還是合作創業。

遊刃有餘，除了歸功於深厚的基本功及不斷精進的態度外，可能也是武子靖「心臟夠大顆」。

從普通高中勇轉技職　膽識帶來不凡見識

武子靖回想當年被選上國際技能競賽國手後，施坤河曾向他透露，幾個裁判都一致認為，選手中，武子靖的作品其實不是最好，但他不易緊張的人格特質，適合比賽。

武子靖的膽識，可回溯到他的少年時期。作為強大升學氛圍下的私立高中學生，僅僅在高二暑假偶然接觸到烘焙課，陸續考了麵包、西點等證照，覺得「好玩」，「沒想那麼多」就毅然轉向技職體系，甄試考上高雄餐旅學院。

高中的他，曾向老師諮詢未來升大學後的職涯發展，但聽來聽去，都「不是那麼有趣」。知道老師眼光只看向臺政清交後，武子靖不動聲色地，拿大學學測成績去甄試高餐，面試那天還請爸爸向高中請病假，來個先斬後奏。

當同儕都埋頭向普通大學奔跑，武子靖卻輕巧地將自己溢出軌道。他甚至不覺得自己轉換跑道的決定特別需要勇氣，反而覺得在升學導向下，「老師壓力還比較大」。

當不了主角的麵包　也能成功突圍

武子靖在他的著作《麵包學》中談到，在歐洲，儘管很難一餐沒有麵包，卻永遠僅是餐桌上最佳陪襯的綠葉；而在台灣，麵包走到現今才稍微躋身早餐行列，但絕大部分家庭是前一天就買好，放到隔天早上才吃，要求的是便利，而難注意到品質。

他認為，身為麵包師傅所能做的，是想盡辦法找尋麵包的無限可能，提升它的精緻度及藝術性，才能擺脫劣勢，讓麵包從廉價感昇華的期望才有可能實現。

儘管台灣升學主義當道，技職常不被看好，但當年武子靖朝向烘焙之路邁進時，他的爸爸不僅不干涉，甚至覺得相對於同儕在國立大學窄門擠破頭，另闢蹊徑也許反而會有更好的結果。這麼一條另類的道路，果真走出了個台灣之光，如今，他也要帶著麵包成功突圍。

武子靖在他獲頒世界最佳麵包師傅的獎台上用英語這樣說著：「不要害怕追尋你自己的夢想，因為有時候正是那些不被注意到的人，成就了令人無法想像的事。」

武子靖（右）2023年被國際烘焙組織UIBC評選為年度世界最佳麵包師，與當年的世界最佳甜點師Nina Métayer合影。（武子靖提供）

聽障廚師勇闖天下 克服萬難練絕技

梁書維
國際展能節職業技能競賽
2023年「西餐烹飪（個人）」銀牌

文──陳彥豪

「我想做給大家看，其他人能做到的，聽障也能做到。」曾獲得國際展能節西餐烹飪銀牌的梁書維，雖然自小就喪失聽力，卻在遇上熱愛的餐飲烹飪之後，不僅努力鑽研廚藝，還勇於探索世界，長年行旅海外各國，開拓眼界、學習成長。

梁書維是先天性德國麻疹症候群，在一歲就失去聽力，成長後則透過助聽器與唇語、手語等來溝通。他在高中時讀資訊科、大學念社工系，只是為了回應家長期待，皆無太大興趣。沒想到大三時利用空檔，跨系選修餐管系的課程後，頓時愛上了烹飪，彷如打開另一扇窗口，讓他日後走上料理之路。

抓緊機會逐夢異國　文化衝擊卻大於想像

畢業之後，梁書維曾在學校擔任體適能教練，也曾在麵包店打工，因為外婆在傳統市場做手工雞捲，深知烹飪之途的辛苦，家人力阻梁書維想要成為廚師的夢想。但梁書維不畏苦怕難，反而想出國歷練，持

近年留在台灣的梁書維除了是研發執行主廚，也擔任麵包店顧問等職務。（陳彥豪攝）

續苦讀英文，終於等來一個旅外的契機。

「剛出國時，沒有一件事情是習慣的。」梁書維說，當時有個大學老師前往德國深造，他獲知後馬上寫信聯繫，自薦前往擔任助理，當下連家人也不知曉，是安頓後才報平安。

然而，一切比想像中更困難，不僅人生地不熟，且德國人不僅未必會講英文，手語也不太一樣，飲食更是不適應，有太多文化衝擊。梁書維笑著說：「在柏林，他們每天都喝酒，連早餐麵包都配啤酒，這我根本沒辦法。」

不過，儘管有諸多不適應，梁書維並沒有放過學習的機會，既擔任老師的助理，也跑去麵包店當不支薪的學徒，只為習得歐式麵包的製作訣竅。

樂在挑戰　遊歷多國磨技藝

從德國為起點，梁書維開始一路輾轉落腳澳洲、新加坡、愛爾蘭等地，並在英國考取國際咖啡師執照。每到一處，就是一邊工作、一邊琢磨各種技藝，並存錢就讀廚藝學校。

探索異國多元文化，讓他處處開拓視野。像是在澳洲時，梁書維除了廚師，還在農場當蕉農。曾碰到蛇、遇上用椰子丟也不會破的超大蜘蛛網，這些都成為他口中有趣的經歷。而他也在有許多義大利師傅的墨爾本，學到了製作披薩的技巧。

「國外步調比較慢，可以慢慢講、慢慢學。」梁書維說，以前曾有應徵廚師碰壁的經驗，因餐廳覺得「聽障怎麼當廚師？」但他大學時，來自紐西蘭的烹飪老師也是聽障，給了他不少鼓勵，出國以後，更發現在廚房工作的身心障礙者並不少見，只要有心，「手不方便、腳不方便、眼不方便，也都可以當廚師」。

參與職訓　奠定日後國手之路

二〇一七年，梁書維返國探親，原想利用這段時間，考取丙級廚師證照，未料在報名民間的培訓班時，卻因聽障身分受阻，轉而報名勞動部勞動力發展署的「西餐烹飪丙級證照課程」，不僅順利取得執照，且發現勞動部有太多可運用的職訓資源，因此開啟他後來參加技能競賽、為國爭光的契機。

「政府對身心障礙者很重視，若想學一技之長，真的應該多利用。」梁書維提到，身障朋友在外有時仍不免受到歧視，但透過職訓中心的輔導等協助，不僅有各種完整的培訓，還有一些補助，如今他經常會在身心障礙者的講座、分享會等場合，推廣這些就業輔導的資源。

取得證照的梁書維，當時並未留在台灣，而是在愛爾蘭當西餐師傅，也去當酪農、擠羊奶。旅居海外時，他總是做兩份工作，但每年只做十個月，剩下兩個月則到處旅行、結交朋友，盡情探索世界。

二〇二〇年，梁書維返台參加兩年一度的全國身心障礙者技能競賽，他原本參賽意願不高，但勞動部勞動力發展署的指導老師陳志源告訴他，「技術夠了，回來比賽吧」！讓他決心一試，最後並勇奪西餐烹飪金牌。

回想起那屆的全國身障技能競賽，梁書維說，當時不僅要製作前菜、例湯、主菜到甜點等等的整套法式料理，而且為了測試參賽者的反應，原本考試時間寫明是五小時，到了現場卻改為兩個半小時，挑戰眾人如何應對，讓他留下深刻印象。

前進國際展能節　兔肉料理大考驗

在全國身障技能競賽中脫穎而出，讓梁書維成為四年一度、由身心障礙者參賽的國際展能節職業技能競賽的培訓國手，又由於遇上疫情之故，便持續留在台灣當廚師。他先是在二〇二二年再奪全國身障技能競賽的麵包製作第四名，二〇二三年則代表台灣前往法國，參加第十屆國際展能節，摘下西餐烹飪銀牌。

左　梁書維在2023年時前進巴黎，奪得國際展能節銀牌。（梁書維提供）

右　為國際展能節做足準備的梁書維（前），在賽事中專注料理。（梁書維提供）

「頭一次料理兔子肉，連我都嚇到了！」說起國際展能節裡指定的食材，梁書維仍記憶猶新。他說，該屆比賽的西餐烹飪項目，是要製作兔肉料理，雖然參賽者們事前就知道了，然而台灣人不吃兔肉，他自己也沒嘗過，面對這種陌生的食材，讓他苦思許久，看影片、找原文書，想像可能的風味，還去拜訪請教米其林師傅，備賽期間幾乎每天都睡不著，到了現場，兔子品種也與台灣的不同，整個大一倍，全程都十分難忘。

在國際展能節獲獎之後，梁書維不僅吸引到更多的合作洽談，還繼續挑戰各種賽事，比如在二〇二四年，先後奪得義大利里米尼無國界披薩競賽裡的世界披薩最佳廚師、越南胡志明市廚藝烹飪競賽的傳統及甜點披薩銀牌，與世界分享他的「台灣紅心芭樂甜披薩」等創作。

如今梁書維在台灣擔任餐廳研發執行主廚或顧問等工作，不僅獲邀在一些限定餐會裡製作冠軍披薩、擔任顧問改良麵包口感等等，也經常現身講座，與身心障礙朋友分享如何發揮潛力、不畫地自限。同時他也期盼透過自身經驗，為國內的無障礙空間、友善餐廳、平等就業環境等等，做出貢獻。

永保學習之心的梁書維，對料理的熱愛從未減少。他說，烹飪世界裡千變萬化，在料理當中每做出些微改變，整個風味就不同，這點相當迷人，而他自己也將繼續尋求變化，做出獨特的料理，分享所學、共享美味。

陳協建

國際技能競賽
2001年「油漆」優勝

當裝潢成為藝術
油漆工華麗轉身

文——楊正敏

油漆，不就拿著刷子漆一漆就好了，一般人都可以DIY？漆作藝術家陳協建卻徹底顛覆了這個社會大眾的刻板印象，讓油漆作品登上台灣國境大門的桃園機場及臺中機場。他更以推廣漆作為職志，希望漆作藝術能進入日常，為生活空間帶來與眾不同的魅力。

陳協建處理客戶的潑墨漆作。（陳協建提供）

臺中國際機場入境藝術牆，是「台漆線」以媽祖遶境為題完成的作品。（陳協建提供）

不甘心與不服輸
征服快感化為好手藝

陳協建會走上漆作這條路，有點誤打誤撞。因為喜歡畫畫，進入台南後壁高級中學美工科就讀。當時因為平面設計的成績不錯，獲選至職訓局受訓，開始了選手培訓之路。

第一次參加全國技能競賽只拿了第四名，陳協建覺得不甘心，隔年高三時再接再厲，就拿了全國第一。他回憶當時練習時，門板上漆這項一直都做不好，心裡很納悶，失敗了四次，才終於發現原來漆會受到天氣影響，太乾太溼都不行，尤其台灣天氣潮溼時，漆塗上去會皺起來，凹凸不平像橘皮一樣。

練習時的挫折，讓陳協建因禍得福。正式比賽時，他把天氣因素考慮進去，三天的比賽時間，第一天一開始就做門板上漆，讓底漆完全乾燥後，最後一天再上表面漆，「整片門板很亮，很漂亮」。即使二十多年後的現在，提起這段往事，陳協建仍是一臉開心。這次的經驗讓他領悟到，很多事情不能太急，要把流程規劃好。

陳協建兩年後成為國手，參加二〇〇一年國際技能競賽拿下優勝。陳協建說，只拿下優勝是因為「太極」圖樣的兩個洞沒有漆到被扣分，「發現的時候全部的裁判一窩蜂地來打分數，我嚇得不知道要不要補起來，結果就從第一名掉到第四名」。

用漆畫出仿大理石紋路，可說是漆作中相當基本且重要的技巧，原本在國際技能競賽時，他打算漆出大理石紋路當成自由創作的作品，但這是陳協建的「罩門」，受訓時一直畫不出來。他說，「當一個選手畫不出大理石紋實在很遜，還被指導老師罵，『你這哪是大理石，是閃電吧！』」最後，只好改漆達利的超現實主義的畫。

對於畫不出大理石紋路，陳協建比完賽還是耿耿於懷，不服輸的他下定決心一定要「征服」這個課題。一開始他每天畫一小時，但一直都畫不好，還會因此生氣；後來轉念利用晚上休息看電視的廣告時間練習，每天練三十分鐘，在比較放鬆的情境下，忽然就畫出來了，「現在我畫大理石紋已經很厲害了」，陳協建露出得意的表情。視覺上極度逼真的「銀狐大理石紋」，也成了陳協建創業後的代表作品之一。

嘗過鐘點工艱辛　決心改革產業生態

雖然在國際技能競賽中取得優勝的佳績，但當時陳協建並沒有把漆作當成一生的職業，反而是一直想轉行，畢竟漆作辛苦，又是黑手。

陳協建大學讀的是視覺傳達設計，因此他曾做過平面設計，但要配合業主，薪水又不高，覺得不適合，一個月就辭職了。

他還曾到咖啡廳學煮咖啡，想開咖啡廳，後來發現台灣大量進口自動咖啡機，當時連便利商店都將賣咖啡，心想無法競爭就放棄了；想做金工，但貴金屬所費不貲，沒有錢投資買材料，只好回去漆油漆。

雖然頂著國手光環，陳協建漆作事業起步並沒有比較順遂。大學畢業先一邊跟著哥哥跑房子拆牆的工地，一看到有工班進場裝潢，就去遞名片，可是大多數都已經有配合的師傅，接不到什麼案子。

為了討生活，陳協建只好去當鐘點工，印象最深的就是在臺大兒童醫院的工地打底批土，每天早上報到，被老闆選上才有工做，當天領工資。有時老闆會莫名其妙扣二、三百元，如果被發現偷懶，明天就不用再來了，當時很多老師傅就是這樣做著不知有沒有明天的工作。「這個工作怎麼這麼沒保障？」這個念

金門水頭碼頭的藝術牆是「台漆線」的作品。（陳協建提供）

左　為推廣漆作，陳協建持續參與講座授課。（陳協建提供）
右　陳協建（左一）與「台漆線」的團隊成員一起討論作品。（陳協建提供）

頭讓陳協建興起改革這個行業的決心。

致歉的牡丹花牆　意外開啟漆作之路

從刷油漆到漆作的機緣，陳協建心懷感謝地說，很多是來自一路上遇到的伯樂的知遇和提攜。他有一次幫一位客戶漆牆面，但修修改改拖了很久，還不小心把大理石桌打破，心裡十分愧疚，於是在一面牆上畫了一幅牡丹花作為補償。沒想到客戶非常喜歡，跟他說：「你以後不要再漆油漆了，你應該往這個方向走，做這個就對了。」這位客戶成了陳協建的貴人，介紹許多案子，於是口耳相傳下，陳協建開始畫牆面，也把作品放到網路上，打開了知名度。

陳協建解釋，漆作是西方傳統的工藝，像是歐洲教堂裡的壁畫，都可以算是廣義的漆作。原本只是在室內牆面塗上塗料，但藝術家和工匠加入了巧思，融入藝術創作，在文藝復興時期慢慢分成兩個主要的流派，一派為宮廷及教會服務，是以油彩在牆壁、天花板上創作，也就是壁畫；另一個流派則是走入民間，採用的是耐久的漆，成為一般房舍的室內裝潢。

陳協建說，台灣早期也曾引進西方漆作工藝，只是在台灣紡織業發達、經濟起飛的時期，人造纖維當道，室內裝潢時為了讓牆面有變化，第一個想到的都是壁紙，施工快，看膩了還可以換，壓縮了漆作的空間；但台灣高溫潮溼的氣候，壁紙容易脫落，漸漸退流行，漆作也開始有了發展的空間和機會。

漆作之所以不僅是刷油漆，主要在於它的獨創性。陳協建說，光是大理石紋，不同的師傅會有不同的表現方式，噴一點水暈染會出現山水潑墨的效果，上漆的海綿現在也都是師傅自己捏出來的，紋路都是獨一無二；若想要漆一面天空藍的牆，也可以跟師傅一起調出心目中理想的藍。他指著工作室一幅有著稻草紋樣的板子說，「我們到野外去採摘稻草，固定後再上漆，創造出客戶想要的自然風」。在漆作職人的巧思下，每一個作品可說都是量身訂製。

為了推廣漆作，陳協建在職訓局授課，二〇〇五年開始擔任國際技能競賽漆作裝潢職類的指導老師。「當選手很辛苦，一天要訓練七、八小時，別人在玩，你都在訓練。」陳協建說，現在都要告訴年輕人辛苦的一面，不然很多學生表現很好，但耐不住性子，很快就會打退堂鼓，很可惜。

二〇一四年，陳協建創業成立了「台漆線漆作」，除了做住宅、商業空間的漆作設計，也走入公共藝術創作的領域。在昇恆昌公司的委託下，在桃園國際機場第一航廈的候機室、臺中國際機場及金門水頭碼頭都有「台漆線」的作品。

「台漆線」團隊代表的不只是陳協建事業的成功，更是他翻轉漆作行業待遇與工作環境的實踐。許多他帶出來的國手、學生，紛紛獨立創業，成為新一代的漆作職人。陳協建心心念念地播下推廣漆作的種子，已經慢慢落地生根，相信不久的未來就能開花結果，讓漆作成為妝點生活空間時，不可或缺的獨特存在。

穿梭多元媒材　工藝的光為心引路

甘芫銍

國際展能節職業技能競賽
2016年「陶藝」金牌
2023年「籐藝」金牌

文——顧旻

走入高雄小港郊區的鳳山丘陵餘脈，放眼平坦遼闊的大坪頂市鎮，坐擁大片綠地與熱帶植物園。在一處透天車庫裡，堆放著各式各樣的工藝作品，以及大小賽事的獎牌，這裡是甘芫銍的起家厝，也是他的「國手訓練中心」。

廣告設計出身　不間斷摸索工藝的熱忱

曾遠赴法國波爾多與梅斯，參加第九屆、第十屆國際展能節職業技能競賽，一舉拿下陶藝與籐藝金牌的甘芫銍，在車庫的一隅、約莫一坪的空間，擺了兩張工作長桌，桌沿緊鄰著車尾，桌面上放著一台打磨機，以及幾件籐編餐籃，這是他每天練習和創作的場域。

甘芫銍將一隻粉白色的貓頭鷹陶瓷輕放在桌上，掀起上蓋，裡頭有幾顆白色石子。他說只要在石頭上滴上精油，便能成為好用的擴香罐。看著貓頭鷹栩栩而色澤飽滿的羽翼，仿若看見甘芫銍將施釉完成的胚體，緩緩放入窯爐時的專注神情。

甘芫銍出身屏東林邊，畢業於潮州志成商工廣告設計科，對於美術與工藝創作，一直保有高度的熱忱，時常自己摸索與把玩不同媒材的藝術呈現方式。原來在屏東有一間工作室，在一次車禍意外後，甘芫銍和妻子決定搬來高雄，落腳坪頂地區。

「勞動部有辦身障者的技能競賽，你要不要試著參加看看？」牽手的一句話，讓甘芫銍鑿開了技能競賽的道路。他報名了第十屆全國身心障礙者技能競賽廣告牌設計項目，並以厚實的本職學能基礎，順利地拿下該項目冠軍。

這場全國賽事，給了甘芫銍更大的動力，甚至跨域精進其他職能

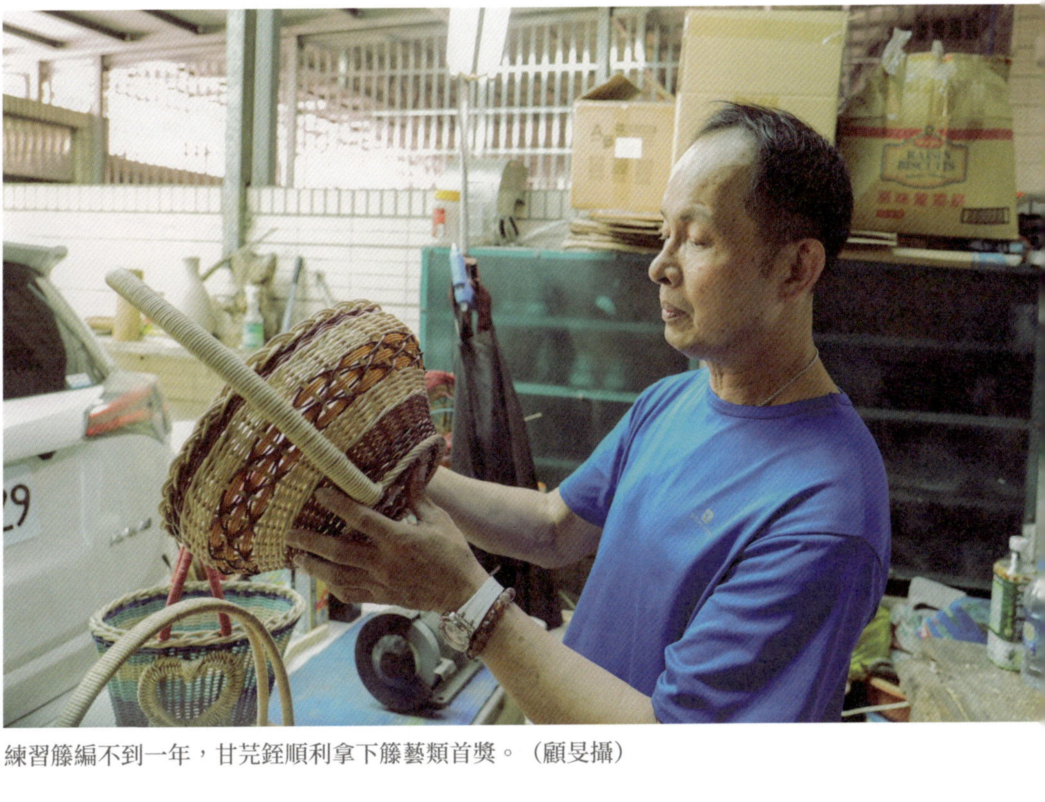

練習籐編不到一年，甘芫銍順利拿下籐藝類首獎。（顧旻攝）

甘芫鋌的車庫裡，堆放著各式的工藝作品。（顧旻攝）

類項。甘芫鋌笑著說，雖然是廣設科畢業，但是對其他媒材的認識，一直都是靠自己摸索，欠缺專業訓練和系統化知識。因此，搬到高雄生活後，利用工作之餘，跑到海青高級工商職業學校和鳳山社區大學上課，持續自我精進。

隔年的全國身心障礙者技能競賽，甘芫鋌報名了陶藝職類，拿下了第二名的佳績。他說，當時一位朋友告訴他，有一個每四年舉行一次的國際賽事，是全世界指標性的技能競賽。於是，甘芫鋌興致勃勃地參加選拔，憑藉精湛的技藝表現，很快地取得國手的門票。

午夜的陶作練習
妻子的溫暖守候

回想起備賽過程，總是在夜深人靜

時。由於房貸與其他經濟考量，甘芫銍兼兩份工作，白天在造紙廠上班，傍晚五點後隨即趕到貨運公司，負責理貨事宜。一天忙完回到家中，已逾十二點。午夜時分，才是他的國手訓練時段，也是他全神貫注、分秒珍惜的練習時間，因為再過幾小時，他將重返勞動場域。

甘芫銍起初接觸陶藝時，只會手捏陶，並不會使用機器設備，對以拉胚為主的陶藝賽事，其實相當陌生。不過，全國身心障礙者技能賽裁判長、臺南藝術大學應用藝術研究所教授張清淵，亦是甘芫銍在國手之路上的指導老師，從來不擔心這一點，「沒關係，你有這麼好的基礎，學拉胚很快」。張清淵相當肯定甘芫銍的工藝技術，以及勤奮不懈的學習精神，並為甘芫銍準備好練習的材料與拉胚機，讓他可以在家反覆練習。

「我們比賽高度一定要三十公分，可是真的很難，我大概都拉十五公分。」練習的初期不是很順利，拉胚的高度成為甘芫銍的罩門。為了達到合格高度，他多次往返台南官田請益老師。「失敗找不到重點最難過，像胚土拉到一半壞掉。」深夜的陶作練習，歷經了無數次的挫折，不過甘芫銍從來沒有想過放棄，妻子也一直鼓勵著他、陪他找練習用的資料，並要他不要搭理外在的訕笑，「她幾乎每天陪我練習到凌晨三點，一直支持我」。

經過一年的備賽，台灣隊二十五位不同職類的國手，飛往法國波爾多參賽。那年在素有身障技能奧運之喻的國際展能節，台灣拿下了十金、四銀、兩銅與一面特別獎的佳績，得牌數僅次於韓國，為世界第二。

「你沒有那種經驗，進去就軟腿了。」甘芫銍說，比賽場地是一處偌大飛機展示場，裡頭聚集了上千位選手和教練，彼此在各職能項目上較勁。

甘芫銍坐在椅凳上，悉心為胚土塑形。雙手與黏土柔軟結合，右腳輕踩著踏板控制機器轉速，在拉胚者與離心力的競合過程，甘芫銍讓胚體逐漸成為他心目中最理想的狀態。他熟練且有條不紊的技法，也吸引了許多人的目光。

作品完成後，隨即到了決選與頒獎時刻。甘芫銍說，評審先唱名所有得獎者並邀請上台，但不會公布名次，因此當他聽到自己的名字時，還不知道陶藝職類的金牌獎落何處，「就是很高興，不知道怎麼形容那種心情，這種經驗實在太難得了」。對甘芫銍而言，那是一份難以言喻的心情，在確定奪下金牌後，也趕緊將消息告訴遠在台灣的妻子。他說，妻子為了減少開銷沒有隨行，但卻是陪伴練習與支持他走下去的重要隊友，「她真的很高興，好像是她得獎一樣」。

愈挫愈勇　工藝如人生

因為一場車禍，改變了甘芫銍的人生，但卻沒有消減他對於工藝的熱情。「剛車禍的時候，走路都會被人家笑，因為一直跌倒，只能用腳背來走。」為了不被嘲笑，甘芫銍相當努力復健，明顯改善了走路

甘芫銍的陶藝作品。（甘芫銍提供）

一跛一跛的狀況。這段復健的心路歷程，其實和工藝競賽的心態一樣，「愈挫折好像是愈勇敢」，甘芫銍笑道。

拿下陶藝金牌的四年後，亦師亦友的教練張清淵，也許是看到他的成績，也許是看見他的定性，鼓勵他嘗試其他領域。練習籐編不到一年，二〇二三年甘芫銍再度征戰法國梅斯，順利拿下籐藝類項首獎。

甘芫銍時常自己摸索與把玩不同媒材的藝術呈現方式。（顧旻攝）

「我覺得是興趣，跟你有心要去學習，這個很重要。」甘芫銍說，他想把技藝的知識分享給更多人，尤其是身障者族群。

甘芫銍同他的工藝作品一樣，溫暖而質樸。他曾從風口墜落，但循著工藝的光引，穿梭在多元媒材的間隙，用粗糙長滿繭的雙手，緩緩捏塑與織張作品，也揉合了璀璨的生命與工藝。

連漢濱
國際技能競賽
1973年「電銲」金牌

炙熱的意志　銲槍下的台灣首金

文——顧旻

壯碩修長的身形從遠處走來，身著柏夫企業制服的連漢濱，雖已七十一歲，仍跨著大步穿梭在廠房，快速巡視廠區內的所有事物，不時和員工簡短問候寒暄，也常指導員工的銲接技術。

這是一家在特殊金屬銲接領域上擁有一片廣闊天空的公司，而其團隊的核心，是白手起家的連漢濱。他正是為台灣在國際技能競賽拿下第一面金牌的國手。

午休時間辛勤練習　小學徒令人大吃驚

連漢濱出身苗栗竹南，家中排行老么，從小跟著父母在田間工作，農忙時期的兒時記憶都浸潤在水田裡。

十六歲那年，連漢濱初中畢業，便跟著二哥去工地當學徒，在力霸鋼架的一處工地當電銲師傅的助手，建造苗栗通霄天然汽油廠的高壓球型槽。

連漢濱投入電銲業一甲子。（顧旻攝）

回想起來，連漢濱認為自己相當幸運，在年輕的時候能有這段經歷。由於球型槽多半裝載天然氣或液化石油氣，槽內壓力很高，因此需要有精密的電銲技術，才能確保氣體輸送安全。

「電銲會流很多汗，又不能穿漂亮的衣服，可是會賺很多錢。很自然地就想，有一天能不能跟這些師傅一樣，學電銲賺大錢。」來自貧窮農村家庭的兩兄弟，認知到電銲技術的市場價值，同時也著迷於這項技藝所需的細膩與專注。

連漢濱深知，想要靠這項技術生活，就必須通過專業考試、取得專業資格。入行不久，他開始利用師傅們的午休時間，模擬練習銲接試片，持續精進電銲技術。不久，力霸鋼架的工地工程告一個段落，許多電銲師傅打算轉入「中國技術服務社」（後更名財團法人中技社）工作，這是政府為了培育人才、促進國內外經濟建設與生產事業，於一九五九年成立的財團法人。

要投身中技社須通過專業考試，當時還只是學徒的連漢濱，論資歷與年齡都還不符合應試資格。不過，當他跟著兄長與師傅們到試場時，發現正好有一個缺額，於是哥哥拜託考官讓連漢濱試試看，結果令眾人大吃一驚，「那一天有二十個人去考，只有我考上」。連漢濱謙虛地說，這不是他的技術多好，而是他做了比別人多的練習，用了將近兩年的午休時間，努力熟悉電銲試片，才得以應對考試項目。

肩負國家榮辱　他與台灣的光榮時刻

他的認真表現和良好的工作態度，很快地受到肯定。有一天工地經理找上他：「連漢濱，技能比賽要辦了，公司替你報名好不好？」第四屆全國技能競賽在即，出賽資格限制二十一歲以下，中技社便決定推派連漢濱代表參賽。

從初賽到決賽，最終，連漢濱拿下了第二名的成績。由於第一名的選手不符合國際技能競賽的參賽年齡限制，且當時不像現今另須參加國手選拔賽，連漢濱因緣際會成為代表台灣出賽的國手。

獲選國手後，本就對自我要求很高的連漢濱，更將所有時間投入備賽，「每天在職業訓練中心的練習目標，就是出國比賽不要漏氣」。連漢濱所說的不漏氣，是一名台灣青年肩負國家榮辱的志氣，電銲比賽的成績好壞，已經漸次從個人層次挪移至集體期待。

一九七三年，第二十一屆國際技能競賽在德國慕尼黑舉辦。連漢濱說，比賽當下他沒有特別緊張的情緒，因為經過反覆練習，只要穩定發揮原本的實力，便能拿到不錯的成績。高手間的差距，總在細微之

銲接前必須先了解材料、熟悉材料的處理方式，有許多事前的準備工作，都會影響銲接的結果。（顧旻攝）

處，這正是評比的關鍵。連漢濱在水壓試驗的項目上，拿到了滿分，那是占比百分之三十的項目，要在銲接完成的物件裡灌水，持續加壓到破裂為止，看誰的受壓程度最高，「那個技巧是我自己體會出來的」。

果不其然，連漢濱拿到了電銲項目的金牌，不僅是該屆台灣代表隊出賽十一個項目唯一的金牌，更是台灣在國際技能競賽史上拿下的第一面金牌。消息很快地傳回國內，電視新聞與報紙接連報導，一時間連漢濱的名字響徹全國。

回到台灣，他坐著火車返鄉，只見竹南鎮長帶著各級學校代表，在車站等候著他進站，一行人浩浩蕩蕩走入車廂裡迎接他。「政府單位可能也需要一些正面的事情宣揚來鼓舞人心，不能老是談反共抗俄、中共打壓台灣等低氣壓。」連漢濱說，那時候可以說是他的「光榮時刻」。他的獲獎成為國家大肆宣揚的事蹟。集體歡騰的氛圍，來自於台灣欲突破地緣政治情勢困境的渴求，更是台灣人也能出頭天的時代隱喻。

連漢濱回國後，獲得時任行政院長蔣經國接見，憶起當時的情景，蔣經國對這名銲接好手特別感興趣，詢問連漢濱「希望國家為你做什麼？」連漢濱靦腆笑著，說國家已經為他做了很多，很感謝有機會能受到良好的職業訓練和栽培，很榮幸為台灣爭光。一九九二年，時任總統李登輝接見全國十大傑出青年，

連漢濱在不惑之年創業，打造柏夫企業。（顧旻攝）

連漢濱又有機會走入總統府。

不惑之年大膽創業 成就特殊金屬銲接龍頭

因為這枚金牌，他順利進入臺中高工，「沒有讀高工，我一輩子就是電銲技術員，這場比賽對我非常重要」。連漢濱強調，這是他人生的轉捩點，連帶影響後面職涯的發展。之後的十六年，連漢濱回到中技社（及日後中技社投資成立的中鼎工程）服務。隨著技術與經驗的累積，連漢濱受到公司重用，外派到沙烏地阿拉伯、約旦和新加坡等國。一直到四十歲的不惑之年，他決心自己創業，攜手妻子劉玉美打造柏夫企業。

從銲接鈦金屬開始，連漢濱做起了眼鏡框的銲接工作。憑藉優秀的銲工，吸引了大批的訂單，同時也受到日本專製頂級鈦製高爾夫球頭的丸萬公司青睞，收到了大筆鈦合金球頭銲製委託。

此外，一九九〇年代，全台石化工廠正在擴張，「那時候電銲的需求量很大，許多石化廠都有銲接需求」。連漢濱表示，從儲存設備、製程設備到運輸設備，每一個環節都需要電銲，通常石化廠來的需求，多半是維修與緊急搶救，「有一天我接到台塑的急修案子，連夜把工具收拾好趕去工廠，當晚就把故障的部分修好」。

遇到緊急狀況，這時候銲接的功力與材料使用就相當重要。連漢濱指著二樓的廠房，提到柏夫庫存了大量的鈦、鋯、鈮、鎳、哈氏合金等貴重材料，是台灣特殊金屬材料庫最齊全的廠商，「超越客戶的需求」是他們經營銲接生意最重要的宗旨。另一方面，除了連漢濱自身厚實的實務與學識基礎，他也鼓勵所有員工考取證照，如甲級銲接證照、銲接檢驗師、壓力容器製造認證、美國機械工程師學會（ASME）證照等。

柏夫企業成立至今過了三十二個年頭，已成為台灣最重要的銲接廠之一，國內知名企業如台塑、長春集團、中鋼等公司都是他的客戶。

在擴展事業之餘，連漢濱更熱衷於社會公益。他的辦公室放置著許多義消、各級學校與社團法人的感謝狀，「賺了錢，你去做一些好事，客戶看到也會很開心，這是一種正面能量、善的循環」。

身為台灣第一面技職國際賽金牌得主，連漢濱一路走來沒有自滿，謙虛溫煦的笑容，是眾人對他的印象，「我們永遠有不知道的地方，我們可能還沒有參透，沒有一方之霸這種說法」。

銲接是一門加熱或加壓欲接合物件的工藝技術，連漢濱用一甲子的時間與炙熱的意志，為台灣銲下堅韌的工業成就。

巨人肩膀

他們曾是馳騁國際技能競賽場的國手，
而在榮耀之後，是捨我其誰的使命感。
從競技舞台走入教室，
他們將熱情和專業點燃的火炬，傳承給下一代，
讓後人足以站在巨人的肩膀上，攀越技藝的巔峰。

台灣首戰就奪牌 元老國手成金牌推手

讓台灣在首次參加國際技能競賽就奪下銅牌的侯世光，如今成為幕後推手，催生無數台灣之光。（楊正敏攝）

侯世光

國際技能競賽
1971年「家具木工」銅牌

文——楊正敏

一九七一年，侯世光前往西班牙參與國際技能競賽家具木工項目，獲得銅牌載譽而歸。在那個國際處境異常艱難的年代，台灣第一次參加國際技能競賽就奪下獎牌，從此在這項被譽為技能奧運的競賽上，台灣不再缺席，選手不斷締造佳績，而侯世光成為幕後的推手，近三十年來，催生出無數的台灣之光。

老師慧眼識英雄　清貧學子找到人生方向

侯世光出身台東，國小時父親過世，本就不富裕的家中經濟陷入困境，靠老師幫忙，得以打掃校園換取課後輔導。初中工藝課時，他用廢課桌椅拆下來的木板做成衣架，深獲老師的激賞，鼓勵他繼續往木工發展。「那是我第一次發現自己對木工有與生俱來的能力，老師的一句話，改變了我的一生。」侯世光初中畢業後，選擇當時頗負盛名的私立公東高級工業職業學校的家具木工科就讀。

五十多年前，普通高中一學期的學費約新台幣六百元，公東高工一學期的學費是一千八百元。幸好當時許多校友事業有成，提供學校獎學金，侯世光才能完成他的高中學業。

侯世光回憶當時住校，一星期上課有三天在工廠，晚自習還想著實習的作品哪裡沒有做好，實習不及格就要留級。在那個物資缺乏的年代，材料很貴，不能浪費，作品還能拿去賣，每天上課都戰戰兢兢，但也因此讓他得到扎實且嚴格的訓練。

二戰全國賽獲國手資格　台灣首屆出征一舉奪銅

當時台灣技能競賽正起步，一九六八年舉辦第一屆全國技能競賽，侯世光高三，以學生之姿打敗眾多業界好手，獲得家具木工職類第二名。這次比賽雖沒有一舉奪冠，卻為侯世光這個窮小子開啟通往學術殿堂及世界舞台的大門，與台灣技能競賽發展結下不解之緣。

高中畢業前，侯世光獲選為「愛迪生誕辰紀念會」的數理化科學優秀青年代表，有機會與各地明星高中的學生切磋交流，而他來自後山名不見經傳的學校，被「消遣」在所難免。侯世光說，「大家的聰明才智都相當，只是差在有沒有努力，於是當時下定決心，我不只技術要好，學科也要好」。回台東後，侯世光找教務主任協商，讓他在半夜十二點到凌晨兩點間到教室讀書。努力也在畢業時有了收穫，侯世光獲得學業、實習及操行都第一的三冠王榮耀，也在此時，一張明信片成為他人生最重要的轉機。

臺灣師範大學教授鄭曾祐注意到侯世光在技能競賽的好表現，寄了一張明信片邀請侯世光到台北擔任研究計畫助理。一個月兩千元的薪水，住處也安排好了，「五十幾年前這個薪水非常高了」，搭著夜車，侯世光來到了台北。

左　1971年的國際技能競賽，侯世光為台灣奪下的那枚銅牌。（楊正敏攝）

右　侯世光至今仍留下當年備戰國際技能競賽時的筆記。（楊正敏攝）

擔任助理期間，鄭曾祐鼓勵侯世光再次參加全國技能競賽，還有機會當選國手，代表台灣出國比賽。參加國際技能競賽有年齡的限制，侯世光因此決定再戰，一舉獲得全國技能競賽家具木工金牌，也取得第二十屆國際技能競賽國手資格。

一九七一年，台灣第一次派選手參加國際技能競賽，侯世光等八位國手代表台灣參賽，拿下兩枚銅牌、一名優勝，回國後成了媒體追逐報導的對象，更獲時任副總統嚴家淦、行政院副院長蔣經國、經濟部長孫運璿及工業局局長宰永寧接見。

當時受訓期間還不到兩個月，侯世光當年的筆記本上，寫著簡單的英語會話、競賽需要的各種工具、注意事項等，還貼著地圖、行程表，也有受訓期間筆記及競賽時的隨筆。其中一頁寫到受訓時的心情，「多思考、沉著應戰」、「此段時間是最艱難的時候，表現才能、發揮才能的時候，人生的轉捩點」。

比賽地點遠在西班牙，這段旅程對侯世光又是人生的另一段啟發。途經希臘雅典轉機，發現世界的廣闊與美麗，讓他下定決心，有生之年一定要出國深造，還要環遊世界。

技能賽競點燃升學慾　台灣出首位木工博士

得獎回國後，侯世光並沒有放棄升學的志向，原本期待為國爭光可以免試升學，但事與願違。他曾直衝教育部請願，還被警衛攔下來，後來時任教育部技職司司長陳履安親自說明，沒有相關的制度，也是愛莫能助。侯世光笑說，當時也不知道怎麼會有這樣的勇氣，但說不定這次會面，就是後來技能競賽選手升學管道漸漸暢通的契機。

參加全國技能競賽，是讓他一心想要升學的關鍵之一。侯世光說，比賽的場地就在師大，看到教授西裝筆挺、大學生個個穿著大學服打領帶，氣質不俗，讓他好生羨慕，下定決心要上大學。退伍後他在台南租屋苦讀，第一志願就是臺灣師範大學的工業教育學系。

當時臺師大是獨立招生，侯世光一直覺得自己考不好，放榜那天正好要去拿夜間部報名表，順便看看同學考得如何，卻沒想到在榜單上看到自己的名字。他不但請路人幫忙確認，還半信半疑地打到學校問「榜單上的侯世光，是不是我」，直到得到學校明確答案，他才放下心中大石。而他的優秀成績不僅於此，他還是二專聯招榜首。

侯世光大學畢業後先到高職任教，再回師大擔任助教，並赴美國取得碩博士學位，成為台灣第一位木工博士。

率隊征戰金牌不斷　英雄輩出引以為榮

一九九三年國際技能競賽在台灣舉行，侯世光進修返國後也投入相關工作，一九九四年擔任全國技能競賽裁判長，一九九五年取得法國里昂國際裁判資格並開始帶隊比賽，展開他三十年培訓選手的生涯，每位國手他都如數家珍。截至二〇二二年，侯世光率隊參加十四次國際技能競賽，親自參與訓練的家具木工項目共獲五金、一銀、一銅、五優勝。他驕傲地說，台灣參加過二十七次國際技能競賽，其中家具木工就拿了十一面金牌，是我國參與國際技能競賽所有項目之冠。

侯世光對自己比賽時的狀況有些已不復記憶，印象深的反而是帶隊比賽的場景。一九九九年選手失誤只獲第四名，他難過得在旅館流淚；二〇一五年帶隊到巴西聖保羅時半夜流鼻血，被同行的夥伴發現說道：「侯老師為協助國際賽材料準備都被操到流鼻血。」

選手得獎回國，在業界發揮長才，侯世光更是驕傲。二〇一五年一位奪下金牌的選手，回國後升上臺灣科技大學，大三到越南實習，就馬上幫公司優化作業流程，省下好幾個工作站的成本，代表這些技術

2017年國際技能競賽家具木工金牌得主鄭欽豪（左）與裁判長侯世光（右）及培訓團隊合影。（侯世光提供）

不是只為了比賽，而是真正可以應用，提升產業的競爭力。

愛迪生說，「天才是百分之一的天分加上百分之九十九的努力」。侯世光高中時因參與「愛迪生誕辰紀念會」的活動有所啟發，對這句話特別有感。技能競賽的選手都是各技術領域的佼佼者，但他們其實都是找到自己的興趣，自然而然投入更多的努力，過程辛苦，卻很愉快，功夫也愈練愈強，「把每一件事，都當成是歷練你的能量」。

以前選手出國比賽比較像單打獨鬥，現在是一個團隊在協助訓練，「我們現在連諮商心理師都有」。侯世光說，選手的心理層面很重要。即便在台灣時都表現得很好，但一上國際競賽場若臨場應變不夠，便無法展現實力，於是他導入學術分析，以測驗量表評估選手的心理素質，提供選訓時的參考，同時也可以理解選手的人格特質，給予協助。「現在重視的不只是技術，而是整體面對外在競爭的能力。」

除了培訓選手，侯世光說身為國際裁判，要時常與技能競賽組織的專家交流，增進國際間的合作，引進新的觀念，「現在的任務是與世界接軌外，更要找出競賽和訓練的策略」。參與各國裁判線上工作坊、選手模擬賽測試，還要帶選手出國參加邀請賽，磨練比賽經驗，七十多歲的侯世光仍行程滿滿，繼續為台灣選手在世界舞台上發光發熱而努力。

許永昌

國際技能競賽
1981年「沖壓模具」職類銅牌

從黑手學徒到博士校長 翻轉人生的一堂課

文——林孟汝

黑手學徒許永昌因技能競賽翻轉人生，不僅當上校長，2023年更榮獲教育部「校長領導卓越獎」。（林孟汝攝）

「技職教育是台灣產業及經濟發展的基礎，且技職領域離不開我們生活周邊，像住家修繕、汽車保養、美容美髮等等，大都是在地培育的人才、也在地就業，這些中堅人才會讓local生活非常方便。而技能競賽讓學生找到發展的方向，也是一個國家在國際上展現專業技能水準、與技師相互輝映的舞台。」斗六高級家事商業職業學校校長許永昌說。

艱苦囝仔半工半讀　貫通產學知識奪牌

來自單親家庭，「窮」是小時候的日常。怕被別人看不起，許永昌媽媽曾跟他說，「如果在別人家玩，他們準備要吃飯了，就要趕緊回家」。為了幫忙家計，乖巧的他國中畢業後，就在親戚介紹下到模具工廠當學徒，幫師傅跑腿買香菸、冷飲。但他運氣不錯，師傅不僅手把手傾囊相授一身功夫，也願意扛下老闆的壓力放手讓許永昌試做，還鼓勵不斷在工作過程中問「為什麼要這樣做」的他再回學校讀書。

於是，許永昌報考了三重高級商工職業學校附設進修補習學校模具科，開始半工半讀，也跨出翻轉自己人生的第一步。

「那時工作地點在新莊，到三重的公車班次很少，我每天準時五點下班後就衝去搭公車，再跑步回家換衣服去上課。」風雨無阻、三年全勤的許永昌說，當時因為身上又髒又臭，有時上了公車，旁邊的乘客還會默默移開，但他不以為苦，「覺得有書可以念很開心」。

有一天許永昌在川堂看到學長比賽得名的榜單，讓他起心動念參加全國技能競賽，還跟旁邊同學誇下海口「明年看我」。不過第一次參賽時，他因為已在業界學習一段時間，但學校教的又是另外一套，「產

左　為了幫忙家計，許永昌國中畢業後，一度中斷學業到三重模具工廠當學徒，圖為他在工廠練習模具製作。（許永昌提供）

右　1981年，許永昌代表台灣到美國亞特蘭大參賽，摘下銅牌。圖為他領獎後照片。（許永昌提供）

學兩邊的要求、作法不同，根本不知道怎麼比」，鎩羽而歸；第二年他了解比賽規則後就獲得全國第一名，不僅名字如願高掛紅榜，更取得國手資格。

只要在國際賽得名就可以透過技術優良保送的管道升學，對曾一度中斷學業的許永昌誘因很大。師長鼓勵他辭職備戰，但當時家中仍靠他薪水度日。「當年我的月薪大約兩萬元，誤以為當國手的營養費有六千四百元，就咬牙留職停薪，沒想到營養費是一個月只有八百元，差點沒昏倒。」這時後悔也來不及了，許永昌為了省錢「天天跑回家吃午餐」，再跑回校訓練，幸好被老師發現異常，幫忙申請學校獎學金，他和媽媽才能熬過這段日子。

一九八一年，許永昌代表台灣到美國亞特蘭大參賽。當時用手工操作模具製程比較多，機器則是大家輪著用。他賽前不斷練習，除了縮減在鐵塊上鑽孔的時間外，也思考如何簡化操作機器的往返次數。沒想到，比賽時發生帶出國的工具不夠、翻譯無法進場協助的意外，但他沒有因此放棄，馬上用不熟練的英語和肢體語言向其他參賽國選手商借，終於在競賽結束前三小時完成作品，摘下銅牌，這是台灣在國際技能競賽沖壓模具職類首次得獎，意義重大，而他也因此保送臺灣師範大學工業教育學系。

大學畢業後，許永昌進入海山高工（後改為新北高工）任職，期間取得碩、博士學位，一〇〇學年度通過教育部的校長遴選，分發到虎尾高級農工職業學校擔任校長，二〇一七年中轉任斗六家商校長。二〇二二年榮獲教育部「師鐸獎」最高榮譽。

淚水汗水交織　嚴師卻有豆腐心

投身教育界多年，許永昌關注弱勢學子，並長期指導選手參加技能競賽。他曾自費陪同選手出國參加國際賽事，發現得獎和未得獎選手回國後在披紅彩帶、晉見總統上有差別待遇，主動向主管部門建議，並獲得正面回饋。

許永昌十分感謝勞動部，與時俱進為技職生提供了多元的激勵辦法，除有培訓團隊協助技術精進外，國手的生活津貼也已拉高到基本工資的七成，青年組前三名獎金更高達新台幣一百二十萬、六十萬和四十萬，比他當年足足多了三十倍。

自謙講話憨慢的許永昌，在培訓國手時化身嚴師。集訓過程中，督促選手練習再練習，陪同他們克服技術及心態上的痛點，每一段過程都是淚水與汗水累積而來。

許永昌說，模具的選手需要涉獵的地方比較多，包括一開始要先識圖，再操作機器，依照圖把要加工的項目做完，最後將零件組合起來成為一組模具。而塑膠模具做完後，接著放到射出機，射出所需的塑膠產品。

期間會用到CAD電腦輔助設計、操作CNC銑床加工模具，甚至因為塑膠會熱脹冷縮，所以使用的材料也必須加以計算。此外，不只是機械操作，像是拋光、調整也需要構思設計，因此需要多工技能，才能完成模具的作品。

他對選手說，競賽沒有不緊張的，比賽就是比誰把工作流程做得很順、精密度又高，因此「題目做不完，我當場跟你翻臉，因為那是你的責任」。有次帶選手到德國比賽，當選手通通做完時，哭著跟他說：「裁判長，我做完了。」結果許永昌如釋重負也感動地跟著哭了。

帶人也帶心　態度才是人生唯一解

賽後，擔心國手對成敗患得患失，許永昌會以自身經驗提醒學生，比賽只是個過程，重點是如何在過程中練就專精的技術，並學會專注、控制時間與情緒等等，輸贏的結果不要太在意，競賽不是人生的全部，「結束就是結束，接下來的成就要看你再一次的努力」。

許永昌舉例，觸動他參加全國技藝競賽的學長，後來雖然沒有在國際賽拿獎，但他之後創業，將模具公司經營得有聲有色，事業有成；反觀有些技保生，進入大學後也沒有讀得很好，退學的大有人在。

他也曾栽培一名問題學生當選手，在備賽過程中，這名學生在許永昌潛移默化下，慢慢不再叛逆，後來雖然沒有得獎，但把機械追求精確與熟能生巧的態度運用在餐飲上，成為一位知名的法國料理主廚，後來也在許多科技大學擔任餐飲相關科系業師。講著講著，許永昌想到當時帶人帶心的互動過程，又紅了眼眶。

「把別人家的孩子顧好，就是我們的責任。」從黑手學徒到博士校長，許永昌在以往打架盛行的虎尾農工任教時，從要求學生跟客運司機說「謝謝」，開始改變學校風氣。他也特別注意特教班學生的就業率，因為許永昌記得，有家長曾在畢業典禮上告訴他，原本以為特殊孩子會是家庭的負擔，沒想到在畢業前就能找到工作，還可以分擔家計，成為家中的支柱之一。

許永昌也建議政府、企業，不要吝嗇投資職業學校相關設備，也要常派一些專家到學校走一走，了解目前職業學校教學的現況，「甚至也可以認養學校」，減少學用落差，等這些學生畢業後，就能成為企業的即戰力。

上　許永昌（右一）長期指導選手參加技能競賽，圖為他擔任裁判長時晉見時任總統李登輝（左一）。（許永昌提供）

下　許永昌（右一）長期參與技能競賽相關工作。（許永昌提供）

童工熬出真「磚」業 走過逆境的溫暖傳承

賴榮秋

國際技能競賽
1983年「砌磚」銀牌

文——王貝林

賴榮秋（右）抱持著傳承與回饋的心，參與技能競賽相關工作。圖為他擔任國際裁判。（賴榮秋提供）

賴榮秋小時候家境不好，窮到以國手身分出國，還只能穿著內衣去比賽。

他的成長過程，就是「坎坷」二個字。父母是泥水工，他從小學三年級就入行，跟著父母到工地當雜工，從幫忙搬磚塊做起。小學六年級，就能領師傅級的工資；到了國三，拌水泥、疊磚塊、綁鋼筋、貼瓷磚、洗石子……無不駕輕就熟。童年裡的每一個假日，他都得隨父母到工地做工。

做工的人，念書是奢求！就連高職聯考前一天，他都還在工地忙碌，是同學的母親發現後看不下去，嚷嚷著「阮囝明仔載欲聯考，恁囝呔會今嘛猶閣佇遮做土水？（我們的兒子明天都要考聯考，你兒子怎麼會現在還在這裡做泥水工事？）」母親這才讓他趕緊回家念書：「猶閣一个下晡會使讀。（還有一個下午可以讀。）」他一聽眼淚馬上流下來：「這怎麼考得上？」

「家學淵源」砌出好本事　出國比賽卻差點棄賽

雖然打心底不想選與「做土水」相關、害他失去童年的建築科，但想念機工科分數又不夠，迫不得已還是得面對現實，就讀彰化的永靖高級工業職業學校建築科。

所幸在建築工程實習課疊磚塊時，巡堂的校長林克禮發現他第一堂課身手竟已如此矯健，一問是「家學淵源」，立刻告知他可以參加比賽，成績好就能保送升學。賴榮秋把握機會，從分區賽一路過關斬將，拿下全國技能競賽砌磚組第一名，可以保送全國第一志願臺北工專（後改為臺北科技大學）。但他擔心學業成績跟不上，打算念其他學校就好。林克禮得知後，勸阻他萬萬不可妄自菲薄，親自帶著他緊急改分發，「這改變了我的一生，林克禮校長真是我的貴人」！

不過，就如賴榮秋所擔心的，進入臺北工專後，微積分、繪圖……，很多課程都跟不上，「我真的讀得生不如死」！這時候內政部告知他具備國手選拔資格，但他查過，台灣在砌磚項目從未在國際比賽得獎，他自忖去了只會丟臉。此時仍持續關心他的林克禮知道他缺乏自信，鼓勵他有機會就爭取，不要有壓力，「就當出國去玩一趟」。

賴榮秋因此加強練習選上了國手，一九八三年順利代表台灣參加在奧地利林茲舉辦的第二十七屆國際技能競賽。

以前出國比賽沒有制服，他也買不起什麼衣服，只好穿著白色的內衣汗衫，在異樣眼光下出賽。不料比賽用的磚塊是以金鋼砂壓鑄的，他從台灣帶去的工具，根本鑿不了，四天的比賽，帶去的鐵鎚、鐵鑽在第一天就全斷光了，氣餒到一度想棄賽，後來才商借到電工組舊的鋼鎚、鋼鑽，趕在時間截止前勉強完工，但成品已大失水準，沒想到仍獲得銀牌載譽歸國，並獲保送臺灣師範大學工業教育學系。

左　賴榮秋在1983年國際技能競賽中一度因工具問題差點棄賽，最終仍勇奪銀牌。圖為他與得獎作品合影。（賴榮秋提供）

右　賴榮秋（左一）拿下第27屆國際技能競賽比賽砌磚職類銀牌。（賴榮秋提供）

學生奪牌的背後　那句「媽！」足感心

一路上的艱辛，都成了滋養他成長的養分。賴榮秋師大畢業後，抱持著傳承、回饋的心，除了在彰化員林的崇實高級工業職業學校任教，也取得競賽裁判資格，一九九三年開始擔任全國技能競賽的裁判長，一九九五年取得國際裁判資格，還四處演講協助培訓裁判；並參加教育部的技職領航精進計畫，訪視輔導獲獎保送科大的學生學業，協助媒合產業成為其中堅幹部，爭取更理想的福利待遇。

同時，賴榮秋應彰化監獄典獄長之邀，為多位受刑人傳授技藝並協助通過丙級技能檢定。有二位受刑人參加技能競賽，依規定須戴著手銬腳鐐參賽，以防脫逃。

「這樣綁手綁腳，要怎麼比賽？而且大家一看都知道他們是受刑人，必定投以異樣的眼光，在這種二度傷害下，怎麼可能有好成績！」賴榮秋幾經爭取，法務部同意以加強警力戒備，免除手銬腳鐐的桎梏，最後，受刑人在全國技能競賽拿到銅牌，獲得減刑一年的獎勵。

多年教學過程中，難免會遇上行為偏差的學生。賴榮秋印象最深的，是好不容易鼓勵一名學生重燃學習信心並嘗試參賽，沒想到學生家長反對，懷疑孩子只是以訓練為名，實為外出玩樂的藉口。賴榮秋進一步了解發現，學生與家長親子關係嚴重失和，已超過兩年都不和父母說話。

在學生開始接受訓練後，賴榮秋私下拜訪學生家長，先是告知孩子已走回正途，讓他們安心，也要他們偶爾在孩子訓練時，帶些點心飲料來探視表達關心。

過了一陣子，這名學生突然在回家進門時，對著母親喊了一聲「媽」。這讓學生母親大喜過望，馬上打電話給賴榮秋說：「老師，我兒子會開口叫『媽媽』了！」他還開玩笑回道：「小孩子不是一歲多就會

賴榮秋（右一）指導學生砌磚。（賴榮秋提供）

叫爸爸媽媽了，怎麼妳兒子都十七、八歲了才會叫媽媽？」「不是啦！老師，他已經兩、三年都沒叫過我了，好感動啊！你是拿什麼藥給他吃，怎麼以前的老師怎麼教都不聽，現在完全變了一個人。」賴榮秋回應，「這不是我的功勞，是妳一步一腳印的關心，孩子感受到了」！後來這名學生持續努力，得到國際技能競賽的銀牌。

傳統砌磚華麗轉身　坎坷人生「因禍得福」

隨著時代演變，傳統的砌磚在建築材料的角色雖然逐漸式微，卻在裝置藝術上嶄露頭角。「在建築工地砌磚，一塊磚塊連工帶料，只值兩元；現在用作裝置藝術，一塊磚塊就值五十一元。所以改變並不可怕，要去面對！」賴榮秋以此提醒學習砌磚的學生，務必要與時俱進，既要學好技能，特別在英文與數學方面的學業成績也得提升，未來才有足夠的學養更上一層樓。

他也常鼓勵學生，就算逆境打擊不斷，守得雲開見月明，總有否極泰來的時候。賴榮秋小時候就當童工，原本書也沒能念好，日子苦不堪言，連出國比賽都出狀況差點退賽。不過他不放棄努力，還說是「因禍得福」，才成就今日的自己。

當初以砌磚拿下國際技能競賽銀牌的他，透過一再學習自我提升。除了擁有砌磚乙級技術士證照，如今賴榮秋在員林崇實高工家具設計科，教的是木工機具、家具設計及家具製圖實習、立體造型設計實習，還擔任高中課程審查委員、砌磚及木工競賽評審。

學以致用，賴榮秋傲人的工藝，除了用來悉心打造自己的住家，兒子家的大門及屏風，也是他親自操刀的，客廳開放櫃中還擺滿他利用廢木料雕琢的各式造型擺飾，而精心設計製作的「木鐵馬」，更得到二〇一四年的臺灣工藝獎。坐在兒子家的客廳，侃侃而談自己一路走來的艱辛、付出與自謙微小的成果，賴榮秋露出堅毅而滿足的笑容。

把握機會、永不放棄，一定會成功！賴榮秋用自己今日的成就，做了最好的見證。

曾為技能競賽國手的賴榮秋，持續透過指導學生參賽、擔任裁判等，繼續在技職大道上發光發熱。（賴榮秋提供）

鄭慶民

國際技能競賽
1985年「板金」銀牌

板金高手當教授 深信各人頭上有片天

文——陳彥豪

「棒球要九個人才能打，只有投手風光沒有用，捕手、內野手、外野手，全都要扮演好自己的角色。」曾在國際技能競賽中勇奪板金類銀牌、日後也培育出無數金牌國手的鄭慶民，經常以棒球作喻，強調適性教育的重要，只要一技在身，每個人都能找到屬於自己的價值。

臺灣師範大學機電工程學系教授、科技與工程學院院長兼學程主任鄭慶民，總稱自己是「住在核四廠旁的鄉下孩子」，在貢寮漁村家庭裡長大的他，國中成績優異，卻選擇就讀大安高級工業職業學校板金科，只因在那個年代，比起光鮮學歷，更盼有一技之長。

「三代同堂」激烈比試　用青春挑戰技能賽

「剛開始參加比賽，可說出於一種英雄崇拜。」鄭慶民說，以前在學校走廊上，會貼出一整排學長在國際賽獲獎的表現，當時覺得這真是太風光了，也躍躍欲試，於是打從高一就參加培訓，前後約花了四、

鄭慶民授課兼顧理論與實務，學生多半在實作表現上相當突出。（陳彥豪攝）

五年青春歲月，從地方性的技能賽事開始，一路挑戰全國、國際競賽。

當年大安高工的板金科實力強勁，同時有十多名學生參與訓練，且不同年級混合競賽，因此即使從高一開始準備、年年參賽，也可能到高三才有所獲、甚至鎩羽而歸。鄭慶民稱此為「三代同堂」，太多有實力的學長一同角逐，想脫穎而出，絕非易事。

「想學到好的技術，那就是得付出。」鄭慶民說，大概從高二開始，他每天晚上都留在學校訓練，假日也是，寒暑不輟。還記得當時跟學長學弟一塊去吃自助餐，老闆娘見他們都是窮學生，總是讓他們很便宜地吃到飽，飽餐之後，就繼續訓練，日復一日。當時他住在南港親戚家，每天從大安高工返家，舟車勞頓並不輕鬆，搭公車得坐到終點站，常常都累到在車上睡著。

鄭慶民在第三度參加全國技能競賽時，終於奪下第一名，並在一九八五年時成為國手，前往日本大阪參加第二十八屆國際技能競賽，摘下板金職類銀牌。當年這個項目多半是由韓國選手拿金牌，鄭慶民說，比賽就是要不服輸，雖然表現未盡完美，但也成功捧回銀牌，看到許多外國選手、裁判都來觀摩自己的作品，的確很有成就感。

當教授不忘技職出身　強調動手動腦各有所長

由於成功在國際技能競賽中奪牌，原已在臺北科技大學註冊的鄭慶民，因此順利保送臺灣師範大學工業教育學系。畢業後先在木柵高級工業職業學校擔任一年教師，之後回到母校就讀碩士班，一路擔任助教、講師，並在拿到博士學位後，先後升任副教授、教授。專長於微接合技術、銲接工程、金屬成形技術、奈米流體製備等領域的他，不僅持續在校園裡培育機電工程人才，也在國內外技能競賽中，出任板金類裁判長等職務。

「當年培養出的這種毅力，對往後的人生都很有幫助。」鄭慶民說，技能競賽需要付出非常多的心血，經歷過那樣的磨練，就會懂得凡是設下目標，就要努力達成，且當年的選手們，想得名次大多會先經

學生時代的鄭慶民長年投入培訓，在國、內外各類技能競賽中脫穎而出。（鄭慶民提供）

過幾年的失敗挫折，自然面對人生種種也會持之以恆、不輕言放棄。

而也正因鄭慶民自己從技職起步，深知普通高中、技術型高中培養出的學生各有所長，於是在教職生涯的各種場合，都不忘鼓勵年輕一代適性發展，各依能力、性向，找出屬於自己的一條路。

「你叫我一天彈琴二十四小時，我也不會變成蕭邦；你叫我一天畫畫二十四小時，我也不會變成畢卡索。」鄭慶民說，每個人天生都有他的專長，可惜長期以來台灣社會普遍被士大夫觀念所綁架，導致有些學子雖然上了普通高中，卻沒有方向；有些本可以是很優秀的機械人才，卻沒有朝己身所長發展，造成人才的浪費。

鄭慶民再以棒球為例，想把球打好，打擊、守備等環節缺一不可，就像普高生、技高生以後出了社會，在職場上也會各司其職，可能前者在辦公室寫程式，後者在現場處理機器、產線，相輔相成。況且隨著產業升級，技高生早就不是所謂「畢業就去當黑手」，現代化工廠環境也與過去大不相同。

目前臺師大機電系所招收的新生，分別來自普高、技高，比例各半。鄭慶民說，這正是系上學生在許多競賽裡能成為常勝軍的原因所在，因為學生背景不同，有的擅長理論，有的擅長實作，彼此提攜，像那些車床、板金、雷射的操作，有的普高生以前根本沒看過，靠技高生來帶；相對地技高生跟著普高生學微積分、物理學，彼此都能成長。

鄭慶民也提到，有些學校或許長於理論，但假若自己的學生能學到七八成理論，但實作是對方三倍強，能3D繪圖、三軸、五軸加工、操作機器手臂，比起只會理論不會實務的人，是何者比較出色呢？所以他經常提醒學生，不要妄自菲薄，每個人專長不同，有些實務真的是技職學生才做得來。更何況實作與讀書並不矛盾，他自己當年投入技能競賽，但在班上也都是第一名，有心的話，都能做好。

時代轉變技職大不同　盼扭轉成見適性發展

回顧剛開始投入教育界時，曾有校務評鑑的委員當著鄭慶民的面，排斥技高生，稱他們程度不佳，會跟不上普高生。「開什麼玩笑！」鄭慶民希望導正這個觀念，迄今也積極投入國中生涯發展教育，比如國中老師對技術型高中的群科未必都瞭解，他就請國手到校園宣導，讓更多學生認識技高與普高的差異，幫助他們就能力與興趣來做生涯規劃。

「現在技職發展跟過去早已大不相同，有太多的資源可以運用！」鄭慶民說，現在很多學校都獲得新興科技的補助，像是AI時代、工業4.0等等所需要的教學設備，都持續引進到校園內，學生不僅實作機會多，還能多元選修，進行跨領域的學習。

他提到，現在還有所謂產學攜手，意即技高生透過建教合作、校外實習等模式到業界實習，實習結束後如雙方都有意願，就可以直接成為這家企業的正式員工，還能由公司推薦到合作的大學去進修。這也是因應時代變遷，因為現今高中生畢業後都傾向升學，但有些學生進入科大以後，根本也不太知道要做什麼，不如就透過產學攜手，讓高中生有機會兼顧升學與就業，掌握更明確的目標。

在鄭慶民所指導過的學生裡，有些人國中讀的是放牛班，卻能在學習技術、參與競賽後找到自信與成就感，甚至日後一路讀到博士，或是成為企業家、金屬藝術家等等，在不同領域發光發熱。鄭慶民說，在一些歐美國家，技術師傅的社會地位與大學教授不相上下，台灣雖然一時還跟不上這樣的觀念，但國家發展需要技術人才，盼技職教育的推展，能讓學子們各自找到一片天，為國家創造競爭力。

投入教育界的鄭慶民（前排中）長年培訓選手、擔任裁判長等職務。（鄭慶民提供）

熱血校長不忘初心 引領迷途少年高飛

謝旻淵

國際技能競賽
1988年「精密機械」銀牌

文——李佩昕

從小，數學就是謝旻淵十分擅長的學科。在彰化就讀秀水高級工業職業學校機工科時，藏不住的數理資質，讓他才高一就被科主任看上，叫他一起跟著學長做技能競賽的特別訓練。

當時老師指定他參加「精密機械」這項他

謝旻淵在技職體系耕耘逾30年。（李佩昕攝）

毫無基礎的職類，沒想到短短三個月的學習，竟讓他在分區賽中得了第三名。雖然決賽沒有得名，但「無心插柳柳成蔭」，謝旻淵笑著說，這是他與「精密機械」的初相逢。

放棄補習升學　以技能決勝負

高職畢業後，爸爸期待謝旻淵升學，讓他去補習班，而他也努力念書，把目標放在臺灣師範大學。就在這時，學長遊說謝旻淵走選手之路，參加集訓。爸爸知道後大怒，但少年謝旻淵有一股不服輸的意念，「我想比賽得名，這樣可保送臺北工專，一樣能升學」！爸爸見他心志堅決，只好接受，開出條件要他拿成績回來。

就這樣，謝旻淵開始訓練，目標是十一個月後的全國技能競賽，果真他在決賽中獲得銀牌，也如願就讀臺北工專（後改為臺北科技大學）。

這時的謝旻淵還沒看到的是，比賽不僅是一條升學之路，也改變了他的一生。

背水一戰　為比賽告別愛情

如願以競賽方式升學後，才讀一個學期，謝旻淵就在國際技能競賽的國手選拔得了第一名，他破釜沉舟，做了休學決定，以參加集訓。

「當時我有個女朋友，集訓時我每天買一張一百元的電話卡跟她講電話，講了一個月之後，我想專心在訓練上，就決定不再打電話給她。」厚厚的一疊電話卡，謝旻淵到現在還留著。

為了集訓告別愛情，謝旻淵開始了苦行僧似的生活。他嚴謹地安排自己的作息，早上六點跑步五公里、拉單槓訓練體能，八點進工廠，下午五點離開工廠去吃飯，晚上六點到十點回來工廠繼續訓練，在十點工廠關門後回到宿舍，稍微休息洗漱，在寢室畫圖到十二點才睡覺。謝旻淵以寫日記的方式記錄自己的進度及每天心情狀況，「記得當時蠻開心穩定的，不覺得有壓力」。

穩定的備戰狀況在出國比賽前四個月有了變化，當時得知台灣在當屆的精密機械職類沒有裁判名額的消息，謝旻淵哭了一個禮拜。他解釋，在國際技能競賽中，有沒有自己職類的裁判影響很大，可能會影響到他的成績。這時，他才扎扎實實地感受到壓力，心情也開始波動。當下，他只能一面努力穩定自己的情緒，一天當三天用，一面督促自己一定要得名才行。

皇天不負苦心人，謝旻淵終究拿下第二十九屆國際技能競賽「精密機械」職類銀牌。獲獎後，他依志願上了臺灣師範大學工業教育學系，兜兜轉轉地，完成了當年在補習班時立下的志向。

江山代有才人出　培育後進熱情不減

大學畢業之後，謝旻淵分發到岡山高級農工職業學校執教，開始長期培養技能選手。看到參與培訓的學生，無悔的青春熱血再度澎湃心頭。

但幾年下來，他觀察現實環境，現在的升學管道多元，選手的訓練又辛苦，青少年心性不定，很容易放棄，非常可惜。有時訓練選手，必須先將他們導入正軌，再慢慢地培養學生的耐心和技術。

謝旻淵提到，在岡山農工擔任主任時，有個學生備受父母期待，從小栽培他各式才藝，但是到叛逆期，卻時常蹺家泡網咖，父母常在早上才發現孩子半夜又溜到網咖徹夜未歸，讓父母十分頭疼又擔心。

這位媽媽在班親會中提到了孩子的情形，讓謝旻淵決定培養他當選手，親自教導他。當時媽媽怕孩子再蹺家，在家裡添購了一組電腦供他使用，然而神奇的事情發生了，孩子當了選手後，回家不再沉迷於遊戲，而是迫不及待地向媽媽展示在學校裡製作的機械成品。這名學生後來在全國賽中獲得第二名的佳績，讓媽媽萬分感謝謝旻淵的教導，還在校刊上為文感謝。

現在這名學生在一家電子廠擔任

謝旻淵（中）在勞動部勞動力發展署中彰投分署的機械工場培訓國手。（李佩昕攝）

廠長，謝旻淵說：「我的每個學生發展都比我好，看到他們的成就，我就覺得好開心。」

細數他在全國賽中訓練的十二屆選手，其中有十一屆獲得金牌，在國際技能競賽也不乏奪牌國手。這些學生的成就，是他教學熱情不減的原動力。

為教育拚搏　榮耀不斷

不僅教學成果斐然，他也不忘繼續攻讀碩博士學位。二〇〇五年，謝旻淵以組長之職，獲得教育部優秀公教人員獎；二〇一四年，再摘桂冠榮獲師鐸獎；二〇一五年，謝旻淵的職涯更上一層樓，遴選上澎湖高級海事水產職業學校校長。

在澎湖擔任校長期間，謝旻淵把他鄉當故鄉經營，包括向上級爭取競爭型計畫，將百年學校設備更新等。謝旻淵投入改變學校氛圍的拚勁被認同，在調任曾文高級農工職業學校之際，獲頒榮譽縣民證，肯定他對澎湖教育的貢獻。

如今來到曾文農工當校長，謝旻淵持續在栽培國手的路上前進，也擔任全國技能競賽工業機械職類裁判長。

在技職體系從事教職超過三十年，謝旻淵覺得台灣升學主義過重容易造成誤導，讓本應投入技術養成者人才流失，其實行行出狀元，技職培養多元能力，按理要比讀書強，因為未來可當老闆、可自行創業，前途不可限量。

謝旻淵也建議，國手如果願意投入學界，就能培養更多擁有優秀技能的學子，但目前的國家政策，讓

謝旻淵（中）在2019年國際技能競賽返國後，至總統府晉見時任總統蔡英文。（總統府提供）

國手在修習師培過程中屢有挫折，例如，法規規範技職校院老師要有至少一年的業界經驗，但實際上，因為業界給的待遇更好，師培生幾乎就回不來學界了。

謝旻淵期盼，當局應思考更周延的方式，讓願意留在學界的國手也能有揮灑的空間。

蕭百琳

國際技能競賽
1993年「汽車板金」金牌

鐵板並非一塊 靈活思維玩出板金心法

文——蘇曉凡

二〇二四年，三月全國技能競賽分區賽才剛結束，接著是五月的臺北首都盃、七月全國技能競賽決賽、九月法國里昂國際技能競賽，蕭百琳自從於二〇一七年擔任全國技能競賽汽車板金職類裁判長，每一年都隨著各場賽事，忙著評選、協助媒合資源、培訓國手。雖然嘴巴細數接連而至的比賽，但看得出來他樂在其中，三十多年前投入汽車板金的好奇與熱忱，依舊未散。

彈性的板金工藝　跳轉於說明書與實務間

當年選擇進入技職學校的理由很單純，蕭百琳自認讀書不行，那就得有一技之長。在西湖工商（後改為恕德家商）夜校讀汽車科，白天到職業訓練中心（以下簡稱職訓中心，現今更名為職能發展學院）進修汽車板噴班。在汽車維修專業裡頭，負責引擎電裝檢修的「引電維修」更為人熟知與熱門，蕭百琳笑說，他擔心競爭激烈，恐怕被刷掉，才轉而選擇第一年開設的汽車板噴，順利成為第一屆學員。

蕭百琳於大安高工任教多年，並於2017年起擔任全國技能競賽汽車板金職類裁判長。（蘇曉凡攝）

「那時候才小高一，是裡頭（年紀）最小的，個頭也是最小的。」蕭百琳年紀輕卻十分好學，因為第一年開班，許多機具設備陸續進駐，老師檢閱規格說明書，他就圍在旁邊跟著認識設備、翻說明書，那時候培養起的習慣，至今受用。他提醒學生務必熟讀說明手冊，「對我們來說，手冊是聖經，照著手冊操作出問題原廠會負責」。

國際賽同樣要求選手照著手冊做，然而這與台灣業界實際情況不同，蕭百琳解釋，汽車板金是靈活的工藝，同個位置的撞傷，可能因撞擊力道、角度不同，修復方式就必須調整，「手冊說這樣做，但有時就是做不了啊」。所以業界師傅習慣憑藉經驗，自行操作。但技術再厲害，常有選手因為「按照手冊」的賽事規定，在國際賽上被「卡」住，錯失得牌機會，所以蕭百琳總是對選手們耳提面命：實際操作與手冊流程，要互相參照。

從職訓中心汽車板噴班畢業後，蕭百琳到業界工作，從月薪六千的小學徒做起。師傅給他一個觀念，車子要修到讓車主看不出來哪裡加工，像原車一樣。他說，師傅間彼此會較勁、互誇做得多好，他的師傅也時常玩笑兼激勵地對他說：「別丟師傅我的臉！」蕭百琳沒有被嚇到，而是在精益求精的修復工序中獲得興趣。

在職場工作四年左右，蕭百琳面臨兵役，為了想讓軍中生活「順」一些，他決定嘗試考取「乙級汽車車體板金技術士」證照，希望能在軍中擔任車輛修護。回頭詢問職訓中心老師相關課程，卻被順勢推坑全國技能競賽分區賽：「反正檢定也要練習，你就順便去比賽看看。」蕭百琳想著不無道理，就這樣回到職訓中心展開訓練。

吹毛求疵的備賽規格　完美就在毫米之間

不妨一試的起心動念，開始訓練後卻一頭栽進去。因為比賽內容與業界所累積經驗有所差異，賽制規則也年年調整，蕭百琳索性睡在職訓中心，每天窩在裡頭練習，最終在全國技能競賽獲得第一名，保送亞東工專（後改為亞東科技大學），但讀了一個月，蕭百琳決定休學，再拚國手，出戰國際技能競賽。

成為國手並不容易，從全國技能競賽分區賽、決賽到第一、二階段國手選拔，最少得過關斬將四關才能成為國手。蕭百琳一路保持第一，取得國手資格。他謙虛地表示，是因為在外工作多年，年紀也比較長，都占優勢。

備戰國際賽期間，蕭百琳反而沒有全國賽那時的緊繃，從容許多。他解釋，參賽的第三十二屆國際技能競賽，板金項目從「打型板金」改為「汽車板金」，打型板金是由一片鐵片做出規定的成品，與汽車板金的概念相去甚遠，「剛好我在業界四年多，熟悉汽車板金」。加以當年主辦國為台灣，比賽用車款是國產裕隆，相對擁有更多資源與時間練習。

終於，蕭百琳奪下金牌，除上述天時地利之外，主要必須歸功於他的自我要求。他坦言，剛選上國手時，以過去業界經驗、標準在準備比賽，被培訓老師指責不夠嚴謹，兩人偶有衝突，「我們在業界時，會把目光放在車主看不出來就很好了，但比賽是吹毛求疵，每個評審都在挑你的毛病，只要差1mm就不行」。毫米之間，可能便與獎牌錯身，蕭百琳在國手培訓期間才開始注重各種小細節，想盡辦法讓細節幾近完美，甚至自我要求熟記工具擺放的抽屜位置，不用眼看，伸手就能找到需要工具，不讓分秒浪費掉。如今擔任裁判長，他也是如此要求選手，要選手自己審視完成項目、試著找出問題，「如果東西做完都不知道哪裡有問題，怎麼去說服別人（評審）」？

上　蕭百琳（左三）在第32屆國際技能競賽汽車板金職類榮獲金牌。（蕭百琳提供）

下　蕭百琳（右一）在國手訓練期間，自我要求將所有細節做到完美。圖為第32屆國際技能競賽現場。（蕭百琳提供）

教學傳承　以挖掘潛力股為樂

比完國際賽後，蕭百琳以公費生身分就讀臺灣師範大學工業教育學系，二十七歲畢業後服完兵役，分發到大安高工任教至今。

雖然只在業界待過四年，但那幾年的學習與實務經驗，到現在依舊受用，「我覺得高中（高職）到大一的四年是精華，只要好好學習，這些技能、知識可以用很多年，就像我現在還是撐得住」。他分享一件趣事，二〇一七年剛擔任裁判長時，受邀到巴西為他們選手教育訓練，選手一來先出一道難題，要他現場示範把大樑校正歸零，秤秤他幾兩重。大樑校正有難度，拉動時需要連帶注意周遭零件。他毫不猶豫，直接下場操作，「咚咚咚咚之後，零！他們嚇到，從此我說什麼，他們都答應」。

就算目前以教書、培訓為業，蕭百琳一直都還是樂於動手做，享受板金工序的靈活運用。他這麼形容：「其實對我來說，鐵板不是鐵，而是一張紙，我想要它變成什麼樣子都可以。」他培訓國手也最重視靈活變通，就像做實驗，當條件欠缺的話，要隨時應變。他舉例說明，兩片鐵板，一厚一薄，上下順序顛倒後，要能知道怎麼改變銲接方式。他要求選手靈活動腦，時刻動手嘗試。

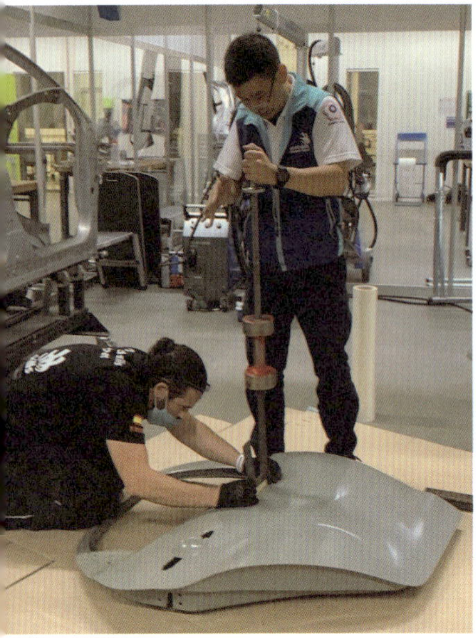

蕭百琳（右）與西班牙裁判共同設定車門損傷題目。（蕭百琳提供）

擔任裁判長，蕭百琳負責全國賽出題，他

2022年第46屆國際技能競賽汽車板金裁判團合影。蕭百琳為前排右二。（蕭百琳提供）

經常在題目裡設計一些小巧思，希望從中觀察選手的靈活程度，偶有被選手的方法驚豔到的時刻，他便會非常開心，甚至私下探聽這位選手的訓練方式。不過也因為喜歡挖掘、認識潛力選手，為了避免疑慮，作為裁判長的他，刻意迴避擔任國手選拔的評分委員。

裁判長亦是國際賽的裁判，也要擔起培訓國手的任務，截至二〇二四年，蕭百琳已培訓四屆台灣國手參加國際技能競賽，成績出色。但他鼓勵選手，把眼光放遠，比賽只是一個過程，看似充滿挑戰性的訓練方法，未來到業界，同樣有用。

隨著國際賽逼近，蕭百琳得陪著國手訓練，還一邊處理國際比賽車款的取得，除此之外，南部學校若想培訓技能競賽選手，他也協助媒合業界優惠設備，一同南下做教育訓練，也舉辦公民營教師研習，提供老師進修業界實務知識。很忙，但樂在其中。他笑笑地說，身為職訓中心汽車板噴班第一屆學員，他有很多學弟人脈可以協助支援。「這是傳承，也是一份責任。」蕭百琳說。

魔鬼訓練出身的金牌教練 首重毅力與細心

林淵翔

國際技能競賽
1993年「工業電子」金牌

文——陳彥豪

「以前每天早上六點就起來跑步，實作訓練到晚上九點，累了就睡地板。」回想起三十年前準備技能競賽的點點滴滴，林淵翔仍記憶猶新，笑稱「簡直像當兵」。

精實的操練　刻苦猶如從軍

「比賽就是一關接一關，持之以恆到最後一刻。」林淵翔說，當年松山工農是只要學生有意願，都可以投入選手培訓，高一時參加的人還挺多，但從分區賽進軍到全國賽，不斷有選手被刷下來，或由於時間心力負擔太重而中途放棄。儘管得獎有助於升學，但過程相當艱辛。

高職學生生涯裡，就讀電子科的林淵翔幾乎每天放學就去實習工場報到，一直練習到晚上九點才結束，有時上課也要請假實作，而寒暑假更是直接住到實習工場裡。當年工場有個不算大的選手室，但沒有床，大家帶個睡袋就直接睡在地板上或桌子上。

林淵翔對於當年奪得國際技能競賽的作品，至今仍相當珍惜。（陳彥豪攝）

「連要好好洗個澡也不容易。」林淵翔笑著說，實習工場沒地方洗澡，當時參與培訓的都是男生，乾脆就都跑到頂樓去沖澡，真的有點像當兵。最後還是在老師極力爭取下，才有了熱水器，能洗到熱水澡。

由於過去技能競賽的比賽時間很長，有時一個題目就要做上十多個小時，對選手的體力是嚴峻考驗，因此林淵翔在培訓期間，每逢寒暑假，每天約莫五點就跟學長、學弟們一起起床，六點就先跑操場十圈，再做體操。早操、早餐結束後，八點準時展開上午的練習，下午和晚間也按表操課，日復一日。

勇奪金牌　獎留台灣

歷經每天埋頭苦練、幾無娛樂的高職

生活後，林淵翔在高三時於全國技能競賽「工業電子」職類勇奪金牌，甄試保送臺北工專（後改為臺北科技大學），而後在一九九三年的國際技能競賽裡，順利摘下金牌，並甄審保送臺灣工業技術學院（後改為臺灣科技大學），進而推甄上臺灣大學電機研究所，一路在學術體系內深造。

回憶起前進國際技能競賽的經過，林淵翔說，要成為國手，還有個選拔賽，歷屆全國賽的前三名都可以參加，但最終只留下一位正取。他在拿到這個唯一的國手培訓機會後，按當時的慣例，休學全力準備，前後練習了十個月，才前往挑戰國際技能競賽。

「當年特別想把金牌留在台灣。」林淵翔說，那一年是第三十二屆國際技能競賽，剛好由台灣主辦，因此大家都特別企盼能獎留台灣，後來他也順利達成。

他提到，工業電子職類的成績要好，理論與實務要並重，這一點在三十年後的現在也依然如此。而當年在國際技能競賽裡，對於理論計算、繪圖、實作、組裝、美觀、除錯等等，都有講究，需要平日不斷練習，才有機會得勝。

棄高薪任教職　培育後進獲獎無數

除了自己為國爭光，林淵翔日後可說與技能競賽結下不解之緣，近三十年來擔任國手培訓教練，所指導出的國手，截至二〇二二年，已累積四金、四銀、兩銅、四優勝的傲人成績。而他二〇〇四年在臺大電機所博士班畢業後，原一度到業界擔任研發工程師，四年半後棄高薪到臺科大擔任教職，培育出更多表現傑出的學生，獲獎無數，成為備受敬愛的金牌推手。

林淵翔也身兼全國技能競賽電子類裁判長，籌辦分區賽、全國賽與國手選拔賽等賽事，並曾在國際技能競賽擔任青年組電子職類國際裁判。無論是擔任培訓教練或裁判長，都十分耗費時間與心神，但林淵翔說，以前當選手時，也是靠師長的指導、協助才能得獎，因此覺得有責任把這件事做好。

「其實一個人也不可能做那麼多事，還是靠大家一起傳承下去。」林淵翔說，歷屆很多國手都留下來幫忙，或許是眾志成城，台灣在每兩年一屆的國際技能競賽中，電子（工業電子）職類曾連續八屆、長達十六年都有銅牌以上的佳績。

不過如今挑戰愈來愈大，林淵翔說，當前電子職類的題目難度日增、面向也廣，涵蓋電路設計、電路布局、組裝、程式設計、故障檢修等等，而瑞士、日本、

2023年獲得師鐸獎肯定的林淵翔，多年來在校園內作育英才。（陳彥豪攝）

左　林淵翔（右）指導出無數優秀的學生，圖為與2015年第43屆國際技能競賽電子職類金牌姚嘉昇（左）合影。（林淵翔提供）

右　林淵翔（右）培育出許多金牌國手，包括2017年第44屆國際技能競賽電子職類金牌蔡喻至（左）。（林淵翔提供）

韓國、新加坡、巴西等國都不乏好手，近年來中國大陸更是實力大幅增長，選手都是萬中選一，要從國際賽中脫穎而出，絕非易事。

「要能吃苦，有毅力，還得細心。」林淵翔說，細心很重要，電子的東西就是需要細心，比如去到IC設計公司，要是因為粗心沒有做好晶片設計的驗證，牽涉到的財務損失可不小。

他指出，當前選手如果不齊備好的理論基礎與恆心、細心等特質，的確不容易勝出，但依然鼓勵學生勇於挑戰，因為比起以往，如今學子投入國際技能競賽，不僅獲獎的獎金更高、福利更佳，且現在有很多國際友誼賽，出國學習、交流機會多，倘若有明確的目標、必勝的決心，絕對值得一試。

林淵翔也提到，成為選手不僅會比一般學生更能真正動手去做電路，通常心理素質也更優異。事實上也的確有很多國手在前往業界後，評價特別好，從能力到心態都獲肯定。

深耕校園　理論實務並重

專長於嵌入式系統與應用、生醫量測系統設計、微處理機原理及應用等領域的林淵翔，因為技職國手的出身，在授課時也特別重視學生實作能力，而他自己在業界的經歷，讓他也能在教學上講授業界所需的技能，理論與實務並重。

多年來在教育界的豐碩成果，讓林淵翔在二〇二三年時，獲得師鐸獎的肯定。他說，教學、培訓雖然辛苦，但還是很有意義，因為提升選手的能力，其實間接也是提升台灣在這個領域的專業能力，而選手們日後不論是投身產業界或教育界，都能夠繼續延續下去。

林淵翔笑稱，雖然現在不太可能再像以往，強求學生大清早就去跑步練體力，但相信他們只要想好目標，都能走出自己的路。

王璽權

國際技能競賽
1995年「木模」銀牌

良木成材 升學魔咒下的大器晚成

文——王貝林

台灣因「唯有讀書高」的升學主義作祟，接受技職教育常淪為不得已的選擇。王璽權卻不這麼想，還覺得小時候的性向測驗聊備一格，未能分析出他適合走技職路線，害他「大隻雞慢啼」。對他來說，技職這條路，才是最佳選擇。

升學牢籠裡的失落歲月　對木作情有獨鍾

王璽權從小就喜歡「動手做」，尤其對木頭很感興趣，家裡裝潢剩下的廢木料，都被他拿來做成各種小玩具，但他偏偏就是和讀書不來電。

爺爺是文人出身，九個孫子有兩個是醫生，就屬他學業成績最差，所以他從小被罵到大，最常聽到的就是那個年代用來罵功課差的小孩：「你按呢大漢就去擔屎啦！（你這樣長大就去挑糞啦！）」父親對他也不抱指望，覺得能找到正當工作就不錯了。

國中的能力分班，是他此生最痛苦回憶的根源。導師是父親的同學，所以即使成績不理想，看在父親的面子上，都還是讓他留在「升學班」，但他卻也是永遠的吊車尾，生活充滿挫折。

當時的他，對於要念什麼科系沒有概念，就照著錄取成績高低順序填志願，考上彰化高工（後改為彰化師範大學附屬高級工業職業學校）木模科，恰好與從小愛玩的木頭有關。

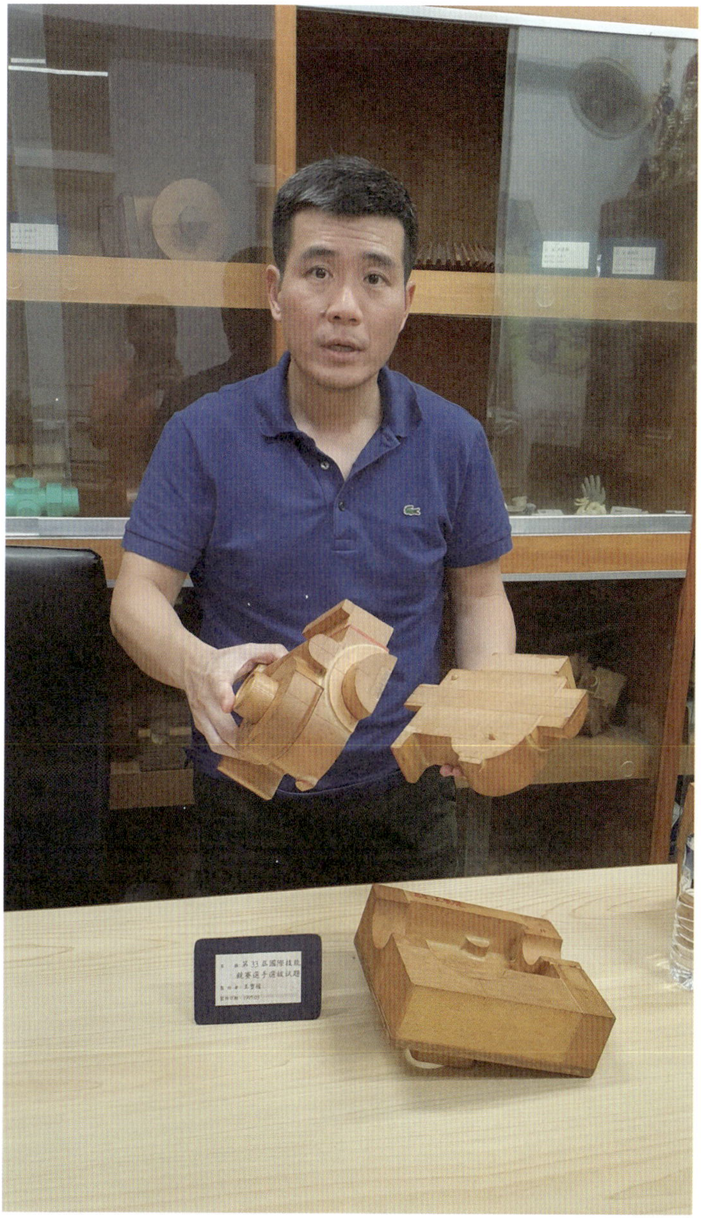

王璽權學生時代製作的木模模型，現在還保存在彰師附工的木模教室中。（王貝林攝）

只是木模科是學什麼的？他一頭霧水！親戚問是不是做建築板模的，他也搞不清楚，但至少同學成績相仿，程度都差不多，就不再有挫折感。

初賽獲獎觸發學習慾
休學苦練風雨無阻

有一天，教室外突然掛起紅布條，原來是有學長在國際技能競賽中獲得金牌，老師特別強調，國際賽得獎可以保送師範大學，以後可以當老師。那個年代，當老師就是妥妥令人稱羨、地位又高的金飯碗，當時他心中隱隱埋下參賽的誘因。

高二的時候，同學邀他一起參加校內競賽，王璽權順利拿到了木模組第一名，無上的榮譽感開始觸發他的

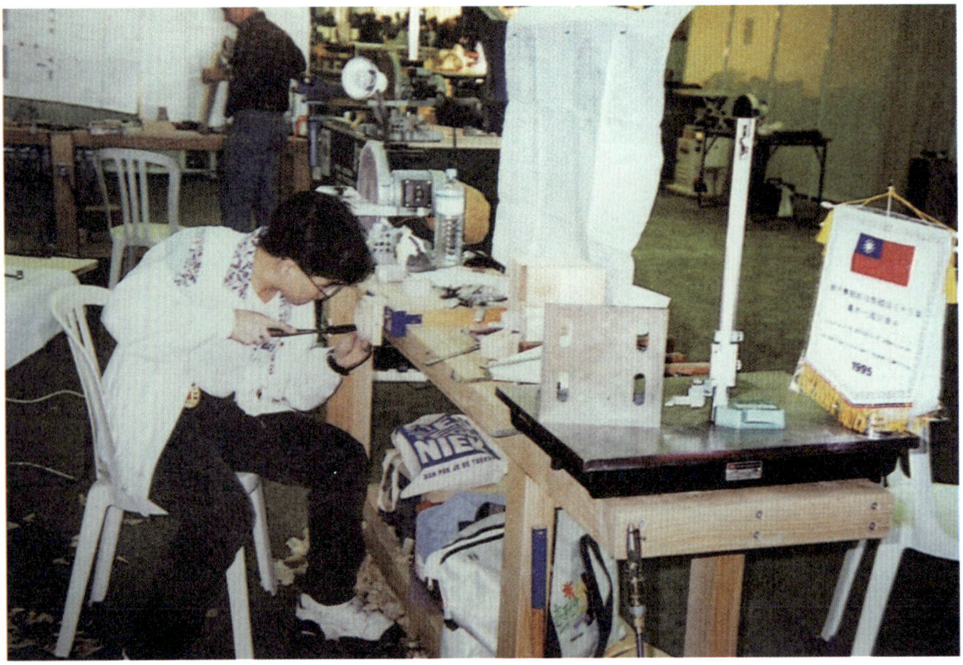

王璽權從小就喜歡木作，這個愛好讓他奪下1995年國際技能競賽木模職類銀牌。圖為當年於里昂參與國際技能競賽。（王璽權提供）

學習興趣，跨區到台北市比賽時，也拿下金牌。恩師黃文彬鼓勵他爭取更高的榮譽，父親卻還是希望他繼續升學考二專。他感受到老師有意提拔，決定繼續拚參賽，連續過關斬將，在全國賽奪冠、取得國手資格。這時王璽權已考上高雄工專（後改為高雄科技大學），當下決定先休學，接受國手訓練，爭取國際賽事的好成績。

「拚一年換一輩子，很值得！」王璽權說，國手訓練這一年真的很辛苦，一整年他只休春節五天，其餘時間風雨無阻，每天練習十幾個小時。一九九五年，王璽權在法國里昂舉行的國際技能競賽拿下木模職類銀牌，並順利保送臺灣師範大學，畢業後回到母校彰師附工任教，幫助和他一樣實作型的孩子累積精湛技術。

當裁判長沒那麼簡單　領軍國際賽壓力山大

他也擔任技職競賽的裁判，並於二〇一四年起擔任裁判長，但接下來連續三屆他所帶領的國際技能競賽「外觀模型創作」職類，成績卻一次比一次差。國手培訓是裁判長的責任，成績不好，他責無旁貸，也不禁開始懷疑自己的領導能力。

原訂二〇二一年舉行的上海國際技能競賽，因COVID-19疫情而推遲，更一度讓他萌生辭意。隔年上海爆發疫情，已延一年的競賽又臨時取消，對他和參賽選手都造成極大的打擊，擔心長達兩年的訓練會不會就此白費。還好半個月後接獲通知，決定「分流分國」競賽。這次比賽，台灣選手一舉拿下「外觀模型創作」職類金牌，王璽權心頭快要炸鍋的壓力，才終於獲得釋放。

科技挑戰傳統木模 與時俱進立於不敗

時代變遷，俗稱「翻砂」的木模產業日漸式微，不但有被CNC（電腦數值控制）機具及3D列印取代的威脅，且木模業受限年齡，老師傅體力及眼力都不堪負荷，再加上許多木模訂單都外包至工資低廉的中國，做完寄回台灣都比在台灣製作便宜，導致近年台灣木模工廠已有多家結束營業。彰師附工機械木模科已成為全國碩果僅存的木模科系，連國際技能競賽的木模職類，都改成「外觀模型創作」組。木模業的未來，充滿挑戰。

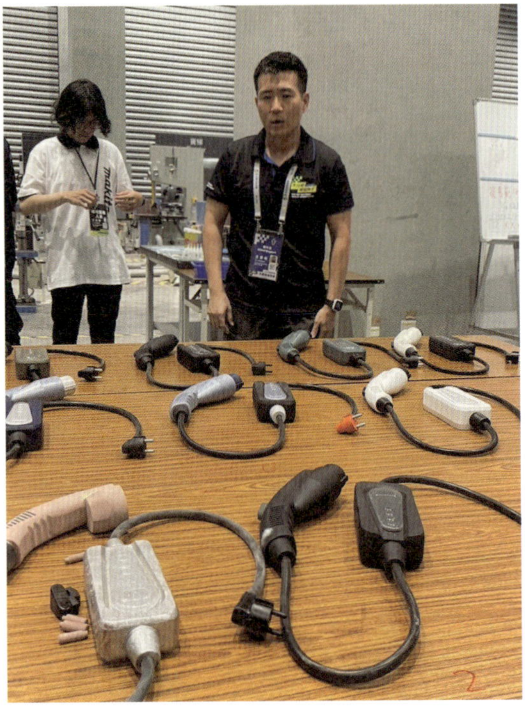

王璽權擔任全國技能競賽裁判長。（王璽權提供）

王璽權分析，木模仍有其不可取代性，因為木材成本低、加工容易、容錯率高，方便隨時修整，以符合作為模具的精密要求；其他模具如以金屬、樹脂或採3D列印製作，成本高且修整不易；CNC機具又所費不貲，所以尚有各自獨立存在的空間。但隨著科技進步，其他模具的成本愈來愈低，製造速度愈來愈快，得儘快因應。所以現在的課程，學生不是只學手工製造木模，更要學會以CNC電腦機具做出木模，還要有3D繪圖的能力。學做木模是扎實訓練模具概念的基本功，透過木模實作會更了解模具的功能需求，培

王璽權（右二）2022年帶領外觀模型創作職類奪下國際技能競賽金牌。（王璽權提供）

養更精準的繪圖能力，再學會操作CNC、具備3D概念，就不怕會被取代。

技能競賽部分，外觀模型只做外觀，無法當作模具，但約有百分之六十與木模雷同，要學做外觀模型，就像已學會開小汽車再去學開貨車一樣，相對容易，且其須具備的技術能力，也不如木模高，備戰倒是不難。

王璽權鼓勵學生應該多多參賽，磨練技能又能開眼界。他也用自己的親身經驗，告訴所有徬徨學子，找出自己的專長，把握所有的機會，永不放棄，一樣能有好成就！

榮耀之後難忘責任 推動冷凍空調產學共好

作為台灣第一個國際技能競賽冷凍空調職類選手，林謙育自認有責任幫助台灣在此領域上發展。（翁睿坤攝）

林謙育

國際技能競賽
2001年「冷凍空調」銅牌

文——蘇筱雯

進入南港高級工業職業學校三樓的機械水電工場，強勁的冷氣撲面而來。身為裁判長的林謙育正與同事們圍成一圈，如火如荼籌劃在南港高工舉行的臺北首都盃國際技能競賽，好一會兒才抽出身來與記者打招呼。

眼前這位年輕教授，二十三年前曾是台灣第一位冷凍空調國手。

與現在指揮若定的從容不同，林謙育回想二十歲為國際技能競賽備賽的自己，「常常累到懷疑自己為的是什麼」。那時國際技能競賽開辦冷凍空調項目不過第三年，「我是第一次、老師們也是第一次，沒什麼資源，甚至不太知道怎麼訓練，常不確定現在嘗試的做法是不是對的？符不符合國際競賽的需要」？只能觀摩其他職類怎麼練習和應用、題目怎麼變化，再舉一反三到冷凍空調。

那一年的國手訓練異常艱辛，卻讓林謙育在二〇〇一年的國際技能競賽，一舉奪銅。

放棄年少創業夢　轉身投入教育

林謙育在以檳榔聞名的嘉義中埔出生，小時候爸媽總忙於農事，但給予絕對的自由。被說不愛念書，然而維修電器、腳踏車、摩托車，他都能無師自通，「動手」就是林謙育理解事物的方式。

國三時加入技藝班，林謙育選擇了也能「拆拆裝裝」的冷凍空調專業，就此影響一生軌跡。當時他一週花一天到嘉義高級工業職業學校實習，事實證明，學習不只有課本和紙筆測驗，林謙育在技藝班的成績優異，保送嘉義高工。

雖然才十五歲，林謙育就有創業夢想，所以選擇晚上上課、白天到工程公司上班。「剛開始什麼都不會，但老闆給我扎實的訓練，也給我機會，兩年之後就讓我帶一票師傅去做工程，這真的很有成就感。」林謙育笑著說。

高三時，學校派林謙育參加全國高中工業類學生技藝競賽，生平第一次參賽，成績卻不如所願，沒得名。他想，正好高工也畢業了，不如去考個冷凍空調乙級證照，便待在台南職業訓練場受訓一年。結訓前，職訓場問他「剛好今年全國競賽第一次開辦冷凍空調職類，你願意參加嗎？」林謙育想趁機一雪前恥，就答應下來。用心投入得到了回報，那次他從分區賽到決賽都拿到金牌，後續更被選為國手，代表國家出賽。

奪牌後可以保送大學，雖然林謙育以往志願是到業界，但最後選讀臺灣師範大學工業教育學系冷凍空調組。他說，「巒多跟我一樣成長背景、不被看好的學生，需要被培養和引導，而且我是台灣第一個冷凍空調國手，有責任幫助台灣在這個領域上發展。」

果然，林謙育親自指導的第一位學生毛嘉民，二〇〇九年替台灣爭取到第二面銅牌。

通透玻璃與明亮牆面　改造工場突破招生瓶頸

問及什麼是冷凍空調？林謙育點出重要性：人從出生時產房的冷氣到死亡的遺體冰凍，都靠冷凍空調「送往迎來」。空調是各行各業都需要的民生產業，冷凍則跟食品安全有關，細數下來都是硬需求。「明明工作那麼夯、人力需求那麼大，為什麼很少有學生願意來讀？」這是林謙育轉入教學後的最大疑問。

「我在南港高工當科主任時，會請對冷凍空調有興趣的學生舉手，全班常只有一、兩個，而那一、兩個往往是家人親友從事這個行業。」當學習輪廓模糊，甚至「不知道這個產業」的時候，冷凍空調科常是分數不得已下的選擇。

想讓更多國中生和家長了解冷凍空調，林謙育先從改變教學環境著手。學校沒有多餘經費挹注，他就向企業募款、募設備，再帶著學生動手改造。「後來廠商看到一個年輕老師這麼拚，都會主動聯繫說要贊助。」通透的玻璃隔間、明亮的牆面色彩，林謙育扭轉大眾印象中黑黑亂亂的「工廠」模樣，成為一個適合勞作、學習的「工場」。

接著，廣邀國中生和家長到校體驗，認識冷凍空調科的學習內容、未來出路。他們發現職涯發展不只裝配家用電器、大型場館如百貨公司的整合工程，還包括研發製造，而現在最夯的AI產業使用水冷方式散熱，尤須依賴冷凍空調技術。職業探索活動開辦後確實收到成效，除了深獲家長肯定，還讓林謙育抱回了一座師鐸獎。

林謙育改造南港高工的實習工場，扭轉大眾印象中黑黑亂亂的工廠模樣。（林謙育提供）

金牌教練選才法　態度決定一切

而林謙育始終念念不忘的競賽經驗傳承，讓他成為名符其實的金牌教練，指導學生參與國內外技能競賽，累計超過三十面金牌，總獎牌多達百面。

「哇！這個學長好厲害喔，我想跟他一樣拿獎牌！」林謙育說，很多學生會有這樣的憧憬，但高達八成的人無法熬過訓練。所以他會花一、兩年時間，讓學生確定是否走上參賽道路，「一開始可能只是清潔環境或幫學長遞工具，過程中我會觀察他的特質、人際互動」。

當學生立定決心，林謙育才開始給予競賽技能。競賽檢驗的是選手對配管配線、銲接和系統的處理，此外還會設計故障情境，考驗維修技能。整個賽程往往長達兩、三天，選手必須嘗試運用不同工具、做法，安排流程並做完美收尾。林謙育強調，當工具擺設、思考脈絡全都有條不紊，才能真正展現專業技能，「所以往往是態度決定一切」。

站在裁判長高度　遊說各校支持

「幾乎每一屆國手都出自南港高工，我當初奠定下來的基礎一直沒斷。」但林謙育如今身為冷凍空調職類裁判長，必須站在全國角度思考，「即便其他學校資源沒那麼多、選手沒辦法起來，我也想辦法建立專業技能標準，讓各校選手能有一個訓練的依循」。林謙育靠著不斷分享自身經驗、和各校溝通，希望他們支持選手培訓。

但他不諱言，訓練選手對指導老師來說是沉重負擔，「因為都是義務的，我願意投入不代表每個老師都願意這樣做。以前我老婆常說，『啊你早上八點上班晚上十點才回家，賺的錢也沒有比較多。』可是這就是我的興趣啊」。

至今，轉至虎尾科技大學擔任助理教授的林謙育，每週仍會撥時間到南港高工指導國手，「要有一些取捨啦，可是過程中看到學生的成長，真的會覺得蠻欣慰的」。

看見趨勢與需求　替競賽增值

談了這麼多競賽議題後，回過頭來，林謙育反倒說：「大家通常只關注得名與否，其實我覺得教育、產業的支持，還有對年輕人職涯選擇的支持，這些重要性遠大於獎牌。」他用奧運選手所獲得的鎂光燈和典範推崇來比喻，尋思如何讓競賽的效益擴大，進而受整體社會肯認、吸引更多人才投入。

因此，他邀請企業贊助賽事、器材和選手出國費用，「曾有德國廠商贊助我們選手，之後他們的中國代理商就向中國各省教學團隊推薦，台灣獲得二〇二二年世界金牌，儀器也是我們贊助的」！說到此，林謙育難掩得意之色。

林謙育（中）致力培育學生參與冷凍空調相關競賽。（林謙育提供）

隨新科技問世，冷凍空調的競賽內容也持續提升，林謙育從業界出身，一路從選手到擔任裁判長，如今又多了學者身分，恰是三者間的最好橋梁。他近年特別專注於節能技術、AI晶片散熱的應用研究，「之前去法國比賽，題目中出現環保新冷媒，台灣選手比較少這樣的經驗，可是學術上已有運用，我的經驗正可以幫助自家選手」。

既看到產業趨勢，也能看到年輕學子的需求，林謙育將繼續運用影響力，推動台灣冷凍空調領域的共好。

葉怡君

國際技能競賽
2001年「女裝」銀牌

為學生穿針引線 衣衫一世的美麗堅持

文——顧旻

熙攘的人潮與車流，從瑞豐夜市輻散；快速變動的商業活動，形塑了高雄巨蛋商圈的嘈雜氛圍。位處熱鬧商圈的校園裡，有一位老師，正耐心地、緩慢地用一針一線，教授需要高度專注的服裝創作技藝。

葉怡君來自台南永康，俐落簡潔的打扮與靦腆笑容，是她給人的第一印象。二十三年前，葉怡君代表台灣，參加在漢城（今首爾）舉辦的第三十六屆國際技能競賽，一舉拿下女

葉怡君從年少就明白自己對縫紉的高度興趣。（顧旻攝）

裝職類銀牌。轉眼間，她投身教育場域已逾十七年，培育了許多服裝設計人才。

母親枕頭下的一封長信　開啟一生志業

小時候，葉怡君的父親時常出國跑業務，而母親會在家裡做串珠、飾品等手工藝代工貼補家用。葉怡君總喜歡在一旁，拿用不到的舊衣布料，模仿母親縫縫補補。閒暇之餘，母親也會教她一些技法。看著母親用布料創生各式作品，耳濡目染之下，葉怡君對紡織品創作產生了濃厚的興趣。不過，母親的手工藝雖好，但對車縫沒有興趣，連作為嫁妝的縫紉機，也放在阿嬤家。

國二的那一年，她向母親提出一項要求，這也成為她一生志業的開端。

「我寫了一封長信，大致意思是說，如果買一台縫紉機給我，我就不會去做你們擔心的事情。」當時家裡管教嚴格，葉怡君也不是真的會做些什麼、令父母擔心的孩子，只是偶爾會和朋友在課後吃個點心，稍微晚歸。

葉怡君將信偷偷塞在母親的枕頭下，當晚她的家人就看到信，當下並沒有多說什麼。過了兩天，放學回到家，葉怡君看見桌上出現了一台縫紉機，開心之餘也十分驚訝，因為這台機器價格不菲，平時家裡的開銷其實相當節儉。見到父母全力支持她，葉怡君也下定決心從初階課程上起，認真發展自己的興趣，「在大家還不知道自己想做什麼時，我已經知道，我對這個東西很有興趣、很想要學好」。

學藝有成　作品驚豔面試官

國中畢業後，葉怡君進入高職體系，就讀家齊女中（後改名家齊高級中等學校）服裝科，正式接受服裝教育課程。葉怡君坦言，對讀書沒有太大的興趣，但是對於專業科目的專精，有著相當大的熱忱。

很快地，她通過了女裝丙級檢定，當所有同學都在準備考大學時，她則思考著該去何處學習更多服裝製作的技巧與知識。在一次的校內檢定上，葉怡君向一位評審老師請益，「你如果要真的要學好服裝的話，那你要去台北」。也許感受到葉怡君的勤奮與上進心，老師為她指引了一條路，那是通往台北職訓中心的道路。

離開台南時，葉怡君十八歲剛畢業。在半年的職訓課程後，葉怡君通過了服裝乙級的檢定，指導老師很認同她的努力和課堂表現，便引介她到業界工作，並告訴葉怡君，在她補足欠缺的實務經歷後，會讓她回來練習準備比賽。

不久後，葉怡君接到了服裝公司面試通知，「我以為老師有幫我安排好，結果一去發現其實沒有談好任何事情」。葉怡君笑著說，原來老師不是替她安排好工作，而是一次要靠自己爭取的面試機會。

面試她的人是老闆娘，劈頭就問：「小妹妹，你能夠在我們公司做什麼？」接著又問：「你期待的薪資是多少？」當兩萬兩千元這個數字說出口，老闆娘臉色一沉，露出一副「你憑什麼」的表情，但當葉怡君拿出她在乙級檢定考試做的西裝外套，證明自己的能力時，老闆娘態度丕變，立即請她確定上班時間，給了她樣本助理的職缺。

身處嘈雜又得忍受孤寂　國手修習之路

在業界約莫半年的時間，葉怡君回到職訓中心備賽。

經過層層關卡後，葉怡君順利出線，成為代表台灣參與國際賽的國手。「早上七點我們會到專業教室，這教室會有其他班級學員來上課，你是自己練習，同時也要習慣吵雜的環境。」葉怡君說，國手的訓練和其他職訓中心的學員一起在同一個空間，差別是有自己獨立的桌子。指導老師提醒她，國際賽是開放空間，大家都可以看得到你在做什麼、會在旁邊講話，你必須習慣在嘈雜的環境裡工作。

晚上十二點，結束一天的訓練回到宿舍，是另一段深夜自我修練的開始。由於宿舍只有床和書桌，葉怡君只能練習一些手縫技巧，「訓練的過程很多人會感到孤單，但我覺得好像有要做的事情，很習慣一個人」。

經過日以繼夜的磨練，葉怡君終於在國際賽事嶄露頭角。二〇〇一年，在漢城第三十六屆國際技能競賽上，拿下女裝職類的銀牌，與金牌選手僅有一分之差。葉怡君表示，如果

在拷克機與縫紉機間，葉怡君累積了近20年的教學經驗。（顧旻攝）

不是設備有一些非自然的狀況，是非常有機會可以贏過韓國選手。回望備賽、出賽到獲獎的歷程，雖難免有遺憾和挫敗，但她從不輕言放棄，「我告訴我自己，我就只有這條路可以走，我一定要把它走好」，葉怡君堅定地說。

奪牌後，葉怡君順利保送臺灣師範大學就讀。她用四年的時間，在實踐大學與師大間來回奔走，修得服裝與教育學分，最終成為三民高級家事商業職業學校服裝科的正式老師，結束了十一年的北漂生活。

壓力下的崩潰日常　她當學生的港灣

「三民家商是公立學校，學校的設備資源相對豐富，如果你有需要，校方都會盡量幫忙爭取。」葉怡君說，來到重視技職教育的學校，才有打團體戰的感覺，這段時間也是她培育最多選手的時期。

二〇一七年全國技能競賽，三民家商服裝科慕芷瑄拿下金牌；二〇二〇年，三民家商則在全國賽包辦服裝創作職類一、二、四、五名；二〇二三年，台灣代表隊國手孫謦在亞洲技能競賽一舉拿下服裝創作職類金牌。這幾位選手從練習、備賽到出賽，歷經無數的挫折，一路陪伴他們克服困難和挑戰的，都是葉怡君。

選手不免有情緒和低潮，葉怡君說，被挑選為選手的學生，其實承受很大的壓力，因為大部分的時間選手都需要面對巨大的孤獨，「愈接近比賽，愈會發現一些看起來堅強的選手，其實他的心裡是非常脆弱」。失常、崩潰的思緒，以超乎常人想像的頻率，在選手的日常生活反覆出現。

葉怡君也談到，就讀高中的學生知道自己不是要學技術，而是要念書、考試，目標是清楚的；但念高職的學生，要學技術也要會考試，一旦學生對就讀職類不感興趣、對書本的熱情闕如時，很容易就面臨進

葉怡君投身教育場域，育才無數。（葉怡君提供）

退兩難的局面，「這是結構上的問題，學生會很辛苦，他們也常在想自己到底要去哪裡」。

因此，在選手備賽階段，葉怡君總是對他們說，「今天你走了這一條路，你要知道你為什麼要走這一條路」。尊重學生的意願，讓他們自己選擇，葉怡君則是溫柔地給予支持與默默陪伴。

在偌大的專業教室，葉怡君在拷克機與縫紉機間走動，這一走是十七年的教學歲月。她將技職學能的火炬，一棒接一棒接力給年輕學子，讓織人匠心的夢，繼續在經緯間拓展延續。

美麗是種魔法 妝點自信的美容職人

擁有魔法般巧手的傅美慧，專業是使人變美。（董俊志攝）

傅美慧

國際技能競賽
2013年「美容」金牌

文——林立恆

午後的美容科教室，學生們圍繞著傅美慧，專注地看著老師示範。只見老師拿著筆刷的手輕巧熟練，在模特兒的眉上輕塗幾筆就改變了她的氣質。

學生們驚訝不已，難道老師的筆刷是魔杖？他們尚且無法想像，曾獲得國際技能競賽美容職類金牌的傅老師究竟下了多少苦工，才能施展讓人變美麗的魔法。

傅美慧曾說：「我的專業可以

把人變美，當客人張開眼睛看見鏡中煥然一新的自己，不自覺露出自信的微笑，那一刻讓我很有成就感。」然而這一刻得來不易。

努力是唯一的出路　全國奪銀不負老師栽培

傅美慧家境貧窮，國中時開始打工貼補家用，這樣的生活強迫她成為早熟的孩子，把家計擔在肩上。打工地點隔壁的租書店是心靈的小小慰藉，她經常翻閱店裡的美妝雜誌，照片上的模特兒光鮮亮麗，在傅美慧的心裡投射出一片美好生活的想望。

當時的她面臨升學的關口，然而在校成績不佳，使得她沒有太多選擇，且又希望習得一技之長，未來能夠順利就業，所以職校是唯一的出路。在眾多職業類科中，她為自己選擇了美容科。

可是一開始並不順利，傅美慧勉強考進樹德高級家事商業職業學校的服裝科，高一下申請轉科，輾轉進入夢寐以求的美容科後，她才體會到這門專業的不易，她的練習作品慘不忍睹，與美妝雜誌裡的照片天差地遠。另一方面，美容科的範圍廣大，不單是臉部的化妝，還有美體、美甲、睫毛等項目，都等著她去學習其中的知識與技巧。

傅美慧起初很挫折，但未曾想過放棄，「我要對自己的選擇負責，把技術學起來，我已經沒有退路了」。她把握每一次機會仔細觀察老師的示範，漸漸看出先前沒有注意到的細節，並且學會逐步拆解，改善每個步驟。很快傅美慧就迎頭趕上，突出的表現卻惹來同儕的妒忌，看不慣新來的轉科生領先他們。幸好老師出面導正觀念，強調應該把心思放在磨練技能，而不是躲在舒適圈自鳴得意，並公開肯定傅美慧的表現。這是傅美慧首次感受到被接納，慶幸自己來到這個不看出身而是看重實力的世界。她因此相信，成為職人一定可以得到社會的尊重。

老師鼓勵傅美慧參加校際技能競賽的選手培訓，她展現出強烈的企圖心，幾乎每晚都自主留校練習。為了回應傅美慧的拚勁，老師也盡力尋找資源，不只請到業界的實務工作者前來指導，甚至還爭取到經費，送她去澳洲學習美甲。

「既然老師要栽培我，我也不能讓老師失望。」僅僅兩年半，傅美慧就考取美容與美髮的乙、丙級證照，是樹德創立以來第一位拿下四張證照的學生。高三時，她參加全國技能競賽，榮獲美容職類銀牌，保送屏東科技大學時尚設計與管理系。

一度與國手資格失之交臂　苦學英文克服難關

進入大學之後，傅美慧有更多接案的機會，這時她才發現過去在教室內的練習，遠遠不足以應付實務現場狀況。有次老師介紹工作，吩咐她按照美容乙級檢定的「華麗新娘妝」為新娘上妝，一切都順利進行，結果看起來卻非常俗豔。至今傅美慧談及此事，依然感到愧疚，沒能為那位新娘在人生中最重要的一天留下美麗的容顏。

如何在實務現場發揮專業技能，是傅美慧在大學階段挑戰國際賽要克服的難關。有技職界奧運之稱的

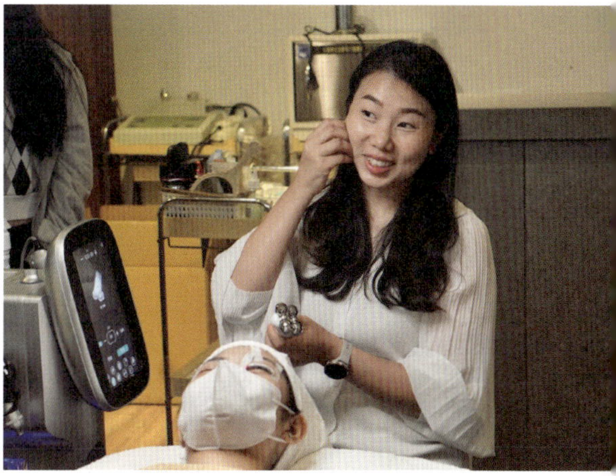

傅美慧目前的重心放在教學，盼為技職教育奉獻心力。（董俊志攝）

國際技能競賽比拚的是臨場發揮，比賽當天公布題目，模特兒則由主辦國的市民報名擔任，選手要依據題目要求，評估抽籤分派的模特兒膚質條件，盡力展現自己的技巧與風格。

可是最初阻礙傅美慧成為國手的，竟是匱乏的英文能力。她在高中階段獲得全國技能競賽第二名，可以晉級國手選拔，因此大一就參加甄選，卻意外落選。後來輾轉得知，不是因為她技不如人，而是只占總分百分之二的英文測驗考了零分，讓她錯失成為國手的機會。

傅美慧雖然不服氣，但是當她看到出國參賽的選手在鏡頭前用英文侃侃而談，她忽然意識到，專業除了是一種技能，也是一種展現，而在國際的舞台上不能丟臉，傅美慧得再度面對當年學科成績不好的自己。她迅速擬定英文補強計畫，背熟所有美容的專有名詞以及比賽使用的詞彙，又請老師安排外籍學生練習對話，模擬與模特兒、裁判的現場溝通情況。經過密集的練習，大二下學期的國手選拔，她毫無意外地獲選了。

接下來將近一年的集訓，重點不再是反覆練習，而是分析國際賽的評分標準，找出自己的不足之處，並持續累積實務經驗。傅美慧經常透過網路觀看美容比賽的影片，分析其他國家選手的化妝流程，在練習中找出其中的差別，並綜合歸納。傅美慧也在其中看見自身技能上的不足，國內資源有限，老師就想盡辦法尋找外部資源，例如請泰國清邁的按摩師傅來台指導，甚至安排傅美慧出國，到上一屆奪冠的新加坡參訪，進入相關的技職學院訓練。雖然選手訓練有經費補助，指導老師卻是自掏腰包陪著她出國受訓，這一切付出都是為了讓她能超越國際水準。

從手足無措到臨場發揮　自信就是相信自己

經過將近一年的集訓，終於來到比賽的日子。美容類的比賽項目包括美體、護膚、化妝、指甲，賽事長達四天，全程須用英文解說溝通。傅美慧已經在集訓期間模擬過各種情況，可說是萬事俱備。

然而還是發生了意外。在新娘妝項目時，傅美慧原先抽到一位年輕的模特兒，但是當她將前置作業準備妥當，卻發現自己的模特兒被其他選手帶走了，留給她的是一位有點年紀、皮膚粗糙的女子。新娘妝講求柔美，傅美慧擔心在這位模特兒身上表現的效果不好，急著向主辦單位反映，但比賽計時已經開始，主辦方拒絕更動模特兒。

指導老師看到傅美慧在場上手足無措，急得在場邊大罵，要她專心開始化妝。傅美慧只好接受現況，當她把模特兒的頭髮挽起來，看見她的後頸刺了「自信」兩個中文字，那刻傅美慧突然領悟到：這就是真正的實務現場，無論情況如何超乎預期，都要依靠自己的技能完成工作。

直到多年後傅美慧成為培育國手的指導老師，想起當天賽場上那個手足無措的女孩，她會告訴她，自信就是「相信自己過去的練習，相信自己的技能可以克服困境」。

那個女孩沒有退縮，她奪得第四十二屆國際技能競賽美容職類金牌。

緊跟時代潮流
未曾停止學習的職人精神

如今傅美慧已成為美容產業大師，經營美容工作室，同時在數間學校授課。但是她沒有停止學習，依然持續關注產業的發展趨勢，「我必須跟上潮流，學會最流行的美妝，這樣我才能不斷帶給學生最新的技術，這是我的驕傲」。

另一方面，儘管美容產業蓬勃發展，但服務品質卻沒有跟著提升，取而代之的是削價競爭。因此傅美慧把重心放回教學，想從源頭為美容產業把關。已經取得屏科大時尚設計與管理系碩士學位的她，又到雲林科技大學就讀技術及職業教育研究所博士班，她要為技職教育盡一份心力，培育更多優秀的美容職人。

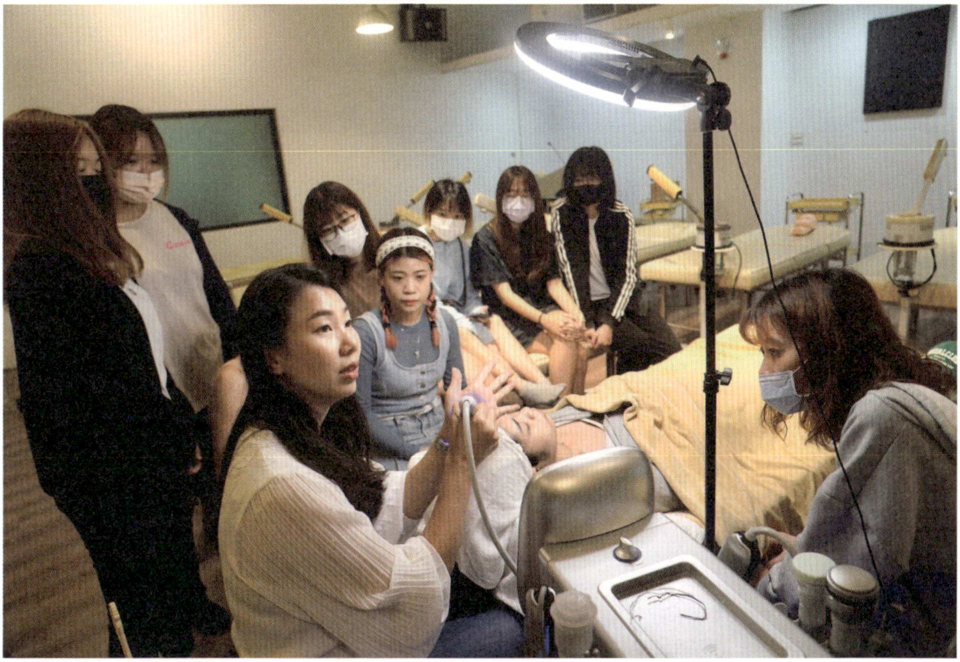

傅美慧關注美容產業趨勢，希望不斷帶給學生最新技術。（董俊志攝）

詹許堃

國際技能競賽
2022年「汽車技術」金牌

從煞車連連到火力全開 金牌師徒的追夢歷程

文——童一寧

就讀臺灣師範大學工業教育學系的詹許堃，曾在二〇二二年代表台灣拿下國際技能競賽汽車技術職類金牌。然而金牌加身的榮耀背後，他曾歷經嚴重低潮，不但訓練時遲到早退，還被老師形容成「軟爛」。到底詹許堃是如何突破困境？他說，全靠恩師張俊興以及他所帶領的訓練團隊無止盡的鼓勵與包容。

「現在放棄了，一輩子都會遺憾」

回溯詹許堃的金牌之路，要從他的國中時代開始說起。詹許堃父母態度開明，只要他不學壞就好，可是他很清楚，自己不喜歡讀書，所以一開始就選了技職路線。當時詹許堃是籃球校隊，同時受到許多高中體育班網羅，但他還是決定以汽車技術作為未來出路，「打球競爭太大了，而且青春與健康都有時限；反而汽車技術是一技之長，未來不論是升學，或是工作，都很穩定有保障」。

進入彰師附工汽車科之後，詹許堃自願成為選手，先後參加全國技能競賽以及全國高級中等學校技藝競賽，也因此認識了擔任汽車技術職類比賽裁判長的張俊興。隨後又因為詹許堃獲得了國際技能競賽的國手資格，在張俊興所帶領的團隊下接受訓練，兩人結下更深的師生之緣。

張俊興是台灣在國際技能競賽汽車技術職類的第一面金牌得主，加上有多年訓練國手的經驗，所以對於選手訓練期間的心情起伏非常了解。不過詹許堃當時遇到的狀況更加特別，因為COVID-19疫情攪局，導致賽程延期。

張俊興說，詹許堃的訓練期程整整長達兩年的時間，比其他屆的選手多了一倍。其中，又恰好碰上春節假期這個所有選手都

詹許堃獲得2022年國際技能競賽汽車技術職類金牌。（詹許堃提供）

避不開的低潮，讓詹許堃的訓練過程更加艱難，這不但是詹許堃的考驗，更是張俊興與訓練團隊的考驗。

詹許堃回憶，訓練期間，他不只一次懷疑自己，「這些東西我都學過了，又不能做得比人家更好，為什麼還要堅持下去」？他也想像其他同學一樣，享受大學生活。他失去了認真訓練的動力，每天早上訓練時間到了還在宿舍賴床，到下午才慢慢來到訓練場地，甚至向張俊興團隊表示想要放棄比賽。

那時的詹許堃真的是「軟爛」，每天懶洋洋地沒有動力，「我們整個團隊真的是用盡全力在包容守護他」。張俊興說，假設詹許堃當時決定放棄，他們也只能尊重，「但我告訴他，只差最後幾個月，撐過去，比賽拿個好成績，證明你自己，你的未來都會因此改變，也讓別人看看我們汽車技術的人才有多優秀；萬一你現在放棄了，一輩子都會遺憾，都會後悔，為什麼努力了卻沒有得到結果」！

張俊興說，那個過程真是一緊一鬆，一拉一放，重了怕詹許堃扛不住，輕了又怕他真的放棄，十分煎熬。所幸在整個團隊的護持下，詹許堃撐過了那段痛苦的低潮，找回參加比賽的初衷，再次火力全開。

與國外選手交流　飆出猛爆企圖心

訓練期間與日本選手的一次交流賽，對詹許堃幫助極大。他說，「我驚訝地發現，人家的流程怎麼可以那麼順暢？如果日本選手能夠做到這個水準，我並不比他們差，訓練時間也比他們長，我應該能做得更好」！

張俊興形容，詹許堃一旦想通了，整個人就像「開外掛」一樣，展現出超級強烈的企圖心，在訓練過程乃至於比賽現場，都表現得異常「凶猛」。詹許堃說，他以交流賽時看到的日本選手表現為標竿，「光

詹許堃參加2022年國際技能競賽比賽現場。（詹許堃提供）

練一個煞車，本來我要花半小時，但是人家拆裝只要十五分鐘，那我就要練到只要十分鐘」！

回想起比賽當時，詹許堃認為，比賽其實就是一場大秀，必須呈現給裁判一場精彩的表演，所以他在每個環節中都盡可能讓自己的動作流暢精細，再加上事前張俊興給了他一個重要的觀念：「要做到兩百分，這樣裁判即使要扣你分數，扣完了以後也還有一百分！」詹許堃說，賽程進行當中，他非常享受每一個過程，甚至還有老師事後告訴他，聽到外國裁判聊天說：「那個小孩（指詹許堃）是不是一天二十四小時都在練習，怎麼做得那麼順？」

但詹許堃也坦承，在賽場之

外，他其實非常忐忑。從台灣出發到德國法蘭克福，再從法蘭克福轉車到主辦城市德勒斯登，以及四天賽程中每天從飯店到比賽場地，每一段路程，不管是遠是近，他都抱著自己厚厚的筆記不停苦讀，每一輛車、每個型號、每種引擎不同的特性……，在腦中反覆模擬練習，深怕浪費任何一秒思考的時間。

張俊興回憶，他早就知道詹許堃成績優異，穩坐金牌寶座，但他故意不說，「總要讓他『經歷』一下」。而詹許堃在等待放榜時，一直沒聽到自己的名字，還以為奪牌無望，一度崩潰大哭，最後才驚喜發現，原來他是總成績最高分，所以才被排在最後一個公布！

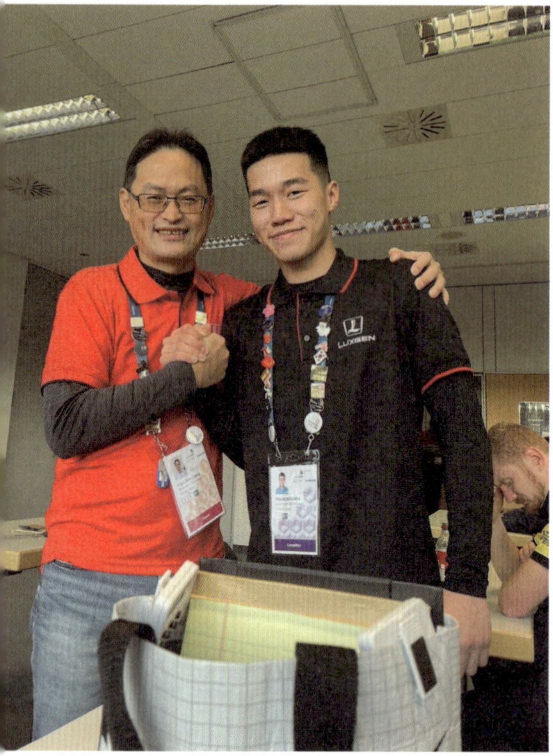

張俊興（左）帶領詹許堃（右）參加國際技能競賽。（詹許堃提供）

是技術的精進 也是心性的修持

詹許堃表示，他本來是脾氣很火爆的人，但在學習汽車技術之後，開始懂得耐心與細心的重要性，特別是在排除障礙時，對於邏輯的思考必須更加縝密。「人都會有脾氣，但是老師教導我，你不能被脾氣所控制。」他說，尤其是汽車技術競賽，過程中只要錯一個環節，就可能導致全盤皆錯；在現實生活中，汽車技術更是攸關駕駛人的安全，「每一輛車跑在路上，都是好幾個人的性命，所以我們學汽車修護，更要細心謹慎」。

詹許堃說，從事汽車技術，其實就是汽車的醫生，只是真實世界比賽場更加複雜。在汽車維修的現場，經常會遇到沒有標準答案的考題，比如間歇性的、時有時無的問題，究竟該如何解決？「我們必須大膽預測，但是又要保持彈性，在最短時間內排除狀況，分析出問題所在。」詹許堃甚至養成了隨時觀察周邊環境的習慣，「我會好奇去觀察陌生人的車子，引擎聲是否異常？還會忍不住提醒他們：胎痕胎壓要注意哦、大燈要記得關哦」。

在詹許堃眼中，汽車技術對他而言，是個重要的人生契機，他更在與張俊興以及訓練團隊的相處過程中，學到了感恩與回饋。「我能得到的幫助，都來自於老師與學長之前的扎根，所以我也要好好珍惜，才能把相同的資源傳承給接下來的學弟妹。」如今他也經常應邀到學校演講，分享自己的心路歷程。

回顧自己的經驗，詹許堃得出了一個超出他年紀的成熟結論：「只要開始了，就要把事情做好、做完，要相信所有的安排，都是最好的安排。」

技能競賽制度／青年組及青少年組

	分區技能競賽	全國技能競賽	亞洲技能競賽	國際技能競賽
主辦單位	勞動部勞動力發展署技職檢定中心		國際技能組織亞洲分會	國際技能組織
發起年	1968		2018	1950
舉辦期程	每年舉辦1次，分為北、中、南3區辦理	每年舉辦1次	每2年舉辦1次	每2年舉辦1次
參賽資格	·具中華民國國籍 ·經機關、學校及具法人資格之附屬單位、團體、公司行號及職業訓練機關（構）提名			
年齡限制	·青年組：21歲以下（部分職類24歲以下） ·青少年組：約12-15歲（以當年度簡章為準）		·青年組：22歲以下（部分職類25歲以下） ·青少年組：14-16歲	
選手來源	經機關、學校及具法人資格之附屬單位、團體、公司行號及職業訓練機關（構）提名推薦	·分區賽各職類前五名 ·當年度教育部學生技藝競賽前三名	歷屆全國賽各職類前三名選手，得參與二年一度的國手選拔賽，遴選國手資格	
參賽限制		曾獲前三名之優勝選手，不得再參加同職類競賽	曾代表我國參賽之選手，不得再參加同組別任何職類競賽	曾代表我國參賽之選手，不得再參加同組別任何職類競賽
獎　　勵	前三名選手發給獎牌、獎狀及獎金；第四名、第五名及佳作發給獎狀		前三名及優勝之選手，由中央主管機關發給獎狀及獎助學金	
	·**青年組獎金：** 第一名1萬2,000元 第二名6,000元 第三名4,000元 ·**青少年組獎金：** 第一名3,000元 第二名1,500元 第三名1,000元	·**青年組獎金：** 第一名12萬元 第二名6萬元 第三名4萬元 ·**青少年組獎金：** 第一名3萬元 第二名1萬5,000元 第三名1萬元	·**青年組獎金：** 第一名24萬元 第二名12萬元 第三名8萬元 ·**青少年組獎金：** 第一名6萬元 第二名3萬元 第三名2萬元	·**青年組獎金：** 第一名120萬元 第二名60萬元 第三名40萬元 優勝10萬元 ·**青少年組獎金：** 第一名30萬元 第二名15萬元 第三名10萬元

資料來源：勞動部

技能競賽制度／身障組

	全國身心障礙者技能競賽	國際展能節職業技能競賽
主辦單位	勞動部勞動力發展署技職檢定中心	國際奧林匹克身心障礙聯合會
發起年	1984	1981
舉辦期程	每2年舉辦1次	每4年舉辦1次
參賽資格	．具中華民國國籍　．領有效期限內身心障礙證明	
年齡限制	年滿15歲	年滿18歲
選手來源	經機關、學校及具法人資格之附屬單位、團體、公司行號及職業訓練機關（構）提名推薦	最近十年獲得全國身心障礙者技能競賽前三名選手，得參與四年一度的國手選拔賽，遴選國手資格
參賽限制	曾獲前三名之優勝選手，不得再參加同職類競賽	曾代表我國參賽之選手，不得再參加同職類競賽
獎　　勵	前三名選手發給獎牌、獎狀及獎金；第四名、第五名及佳作發給獎狀	前三名及優勝之選手，由中央主管機關發給獎狀及獎金
	獎金與全國技能競賽青年組相同	獎金與國際技能競賽青年組相同

如何成為技能競賽國手

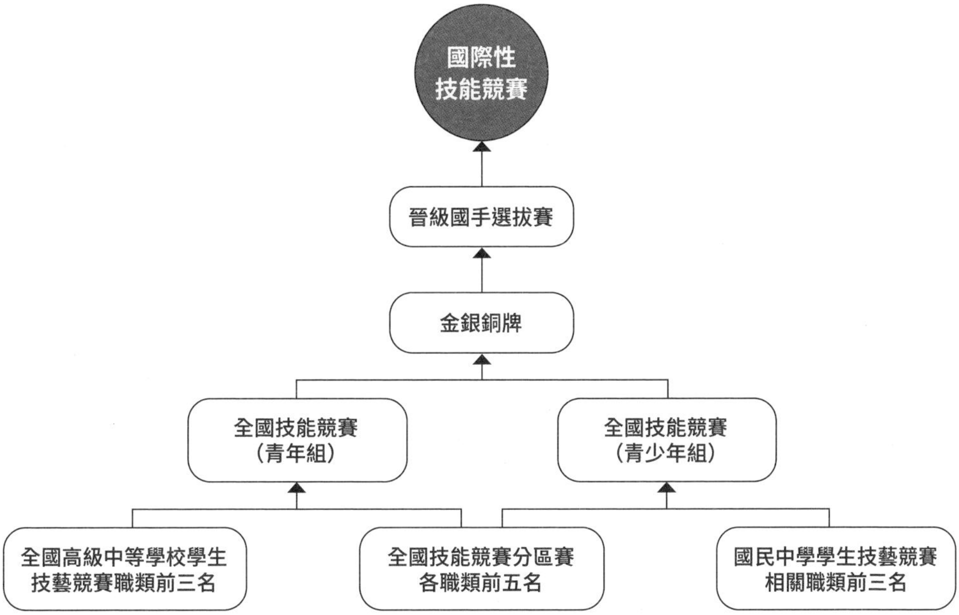

國家圖書館出版品預行編目(CIP)資料

職人之路：26個國手的故事／中央通訊社著.
-- 初版. -- 臺北市：中央通訊社, 2024.09
面； 公分
ISBN 978-626-98461-3-9（平裝）
1.CST: 技職教育 2.CST: 職業訓練 3.CST: 技能學習

528.8　　113011905

職人之路：26個國手的故事

出版者／中央通訊社
董事長／李永得
代理社長／陳正杰
編輯委員／梁惠玲、黃淑芳、許雅靜

總策畫／中央通訊社
作　者／王貝林、李佩昕、林立恆、林孟汝、陳姿伶、陳彥豪
童一寧、楊正敏、楊迪雅、蘇筱雯、蘇曉凡、顧　旻
攝　影／王騰毅、翁睿坤、張智彥、董俊志、鄭清元

編　輯／林孟汝、陳姿伶、楊迪雅、林立恆
封面設計／古宗儒
美術編輯／范育菁、郭秀文、張瓊尹

印　刷／鴻霖印刷傳媒股份有限公司
235新北市中和區中正路762號8樓

出版日期／2024年9月初版
ISBN／978-626-98461-3-9
eISBN／9786269846153
定　價／380元

訂購處／1.中央通訊社資訊中心出版組｜104472 臺北市松江路209號8樓
電話：（02）2505-1180＃817｜傳真：（02）2515-2766
2.國內各大書局
郵政劃撥帳號／15581362 財團法人中央通訊社

中央社電子書城

中央通訊社網址／https://www.cna.com.tw
讀者服務E-mail／books@cna.com.tw